ESSAY

KRITIK

MARGINALIEN

Steffen Martus, geb. 1968, Professor für Neuere deutsche Literatur an der Humboldt-Universität zu Berlin. 2015 erschien *Aufklärung. Das deutsche 18. Jahrhundert – ein Epochenbild*; voraussichtlich im Spätsommer 2022 erscheint *Geistesarbeit. Eine Praxeologie der Geisteswissenschaften* (zus. m. Carlos Spoerhase).

Adrian Daub, geb. 1980, Professor fur Germanistik und Vergleichende Literaturwissenschaft an der Universität Stanford. 2020 erschien *Was das Valley denken nennt. Über die Ideologie der Techbranche.* – Der Beitrag basiert auf einem am 30. September 2021 unter dem Titel *Wealth Creators* im Magazin *Logic* erschienenen Essay.
adriandaub.com

Joel Stein, geb. 1971, Journalist, Kolumnist, Autor. 2019 erschien *In Defense of Elitism.* – Der Beitrag wurde unter dem Titel *How Miami Became the Most Important City in America* am 3. Februar 2022 in der *Financial Times* veröffentlicht.

Florian Meinel, geb. 1981, Professor am Institut für Grundlagen des Rechts der Universität Göttingen; im akademischen Jahr 2021/22 Mercator-Fellow der Stiftung Mercator. 2019 erschien *Selbstorganisation des parlamentarischen Regierungssystems.*
florian.meinel@jura.uni-goettingen.de

Simon Rothöhler, geb. 1976, Professor für Visuelle Kultur und Mediale Infrastrukturen an der Ruhr-Universität Bochum. 2021 erschien *Medien der Forensik.*
simon.rothoehler@rub.de

Stefan Matuschek, geb. 1962, Professor am Institut für Germanistische Literaturwissenschaft der Universität Jena. 2021 erschien *Der gedichtete Himmel. Eine Geschichte der Romantik.*
stefan.matuschek@uni-jena.de

Jana Volkmann, geb. 1983, Schriftstellerin. 2020 erschien der Roman *Auwald.*
hallo@jana-volkmann.de

Florian Sprenger, geb. 1981, Professor für Virtual Humanities an der Ruhr-Universität Bochum. 2021 erschien *Uexkülls Umgebungen. Umweltlehre und rechtes Denken* (zus. m. Gottfried Schnödl).

Mona Leinung, geb. 1989, Wissenschaftliche Mitarbeiterin im Fach Philosophie an der Folkwang Universität der Künste Essen.
mona.leinung@folkwang-uni.de

Hanna Engelmeier, geb. 1983, Wissenschaftliche Mitarbeiterin am Kulturwissenschaftlichen Institut Essen. 2021 erschien *Trost. Vier Übungen.*
hanna.engelmeier@kwi-nrw.de

ZU DIESEM HEFT

Geschichten über Erfolg im Silicon Valley beziehen ihren Reiz sehr häufig daraus, dass sie die gewohnte Logik der etablierten wirtschaftlichen Kräfteverhältnisse auf den Kopf zu stellen scheinen. Die Heldinnen und Helden kalifornischer Tech-Industrie-Epen sind in aller Regel mittellose Außenseiter, visionäre Nerds, Individualisten, Getriebene. Vom Establishment werden sie zunächst nicht ernst genommen, um dann schließlich irgendwann umso mehr für ihre Weitsicht und ihren Wagemut belohnt zu werden, ihr unerschütterliches Festhalten am Glauben an sich selbst.

Wie Adrian Daub in seinem Essay vorführt, macht dieses durch und durch meritokratische Erzählmodell, in dem alles auf die Leistung Einzelner anzukommen scheint, tendenziell unsichtbar, in welch massivem Ausmaß das Geschäftsmodell des Silicon Valley auf der generationenübergreifenden Kontinuität riesiger Vermögen beruht, die ständig umgeschichtet und neu investiert werden müssen. In der alternativen Geschichte, die Daub skizziert, spielen die Genies der schöpferischen Zerstörung deshalb eine Nebenrolle. Stattdessen geht es um das für die Öffentlichkeit weitgehend unsichtbare Zirkulieren von Kapital in »family offices« und Venture-Capital-Fonds, »die Fähigkeit von Geld also, immer noch mehr Geld anzuziehen«.

Diese Fähigkeit hängt maßgeblich vom Zuschnitt des Steuer- und Finanzsystems ab. Mit einem Freibetrag bei der Erbschaftssteuer von fast 12 Millionen Dollar und einem Spitzensteuersatz von nicht einmal 14 Prozent ist das kalifornische Modell bereits ausgesprochen libertär. In Florida wird Einkommensteuer gar nicht erst erhoben. Das ist einer, aber wie Joel Stein in seiner materialreichen Reportage zeigt, keineswegs der einzige Grund dafür, weshalb der Bundesstaat, vor allem aber die Hauptstadt Miami, im Begriff ist, zur nächsten Drehscheibe der Tech-Industrie und ihrer Investoren zu werden.

CD/EK

Steffen Martus

Anschwellender Popgesang

Botho Strauß und die Ästhetisierung des Politischen

Vorspiel auf dem österreichischen Politiktheater

Zu den vielen Provokationsgesten, mit denen die Popliteratur der späten 1990er Jahre die Aufmerksamkeit auf sich zog, zählte die Behauptung, es handle sich auch bei moralischen oder politischen Problemen um ästhetische Herausforderungen, um Fragen also, die den guten oder schlechten Geschmack betreffen. Christian Krachts *Faserland*, so ein Bonmot von Florian Illies, habe die »Generation Golf« zu dem Bekenntnis ermutigt, dass ihr die Entscheidung zwischen einer grünen oder blauen Barbour-Jacke schwerer falle als die Wahl zwischen CDU und SPD. »Es wirkte befreiend, daß man endlich den gesamten Bestand an Werten und Worten der 68er-Generation, den man immer als albern empfand, auch öffentlich albern nennen konnte.« Illies mochte damit Kracht zu schlicht oder vielleicht sogar falsch verstanden haben, die Entscheidungskonkurrenz selbst aber bleibt bemerkenswert. Handelte es sich um die Bekenntnisse eines Unpolitischen? Um die Abwertung von Politik zugunsten des Lifestyle? Oder warf der Vergleich als solcher nicht auch einen politischen Schatten auf die Alltagsprobleme von Leuten, die sich zur Not auch zwei Barbour-Jacken leisten konnten?

Gustav Seibts *Faserland*-Rezension, die das Buch 1995 auf äußerst kluge Weise abkanzelte, ging einige Reflexionsstufen weiter: Die Erzählung, so stellte Seibt im Blick auf die muntere Äußerung von Ressentiments gegen das Hässliche und Unangemessene fest, »wirkt, aber nicht weil sie spannend oder bewegend wäre, sondern weil sie selten ausgesprochene Emotionen artikuliert«.[1] Im Fall von *Faserland* lasse sich dies hinnehmen, weil die Sehnsüchte des Protagonisten zu vage und ziellos bleiben. Was aber, wenn solchen Leuten »plötzlich ein Sinn einleuchtet«, wenn sie also eine Agenda und ein Ziel verfolgen und wenn dabei das Ich-Befinden, das eigene Wohl- und Unwohlsein den Ausschlag gibt? Wenn sich Kollektive auf diese Weise in ihren Geschmacksentscheidungen einrichten, wenn sie die Welt nach Maßgabe von Zeichen sortieren, die von Verhalten, Körpersprache, Tonlage oder Kleidungsstil ausgehen und so unterschwellig und zugleich so direkt wirken, dass sie von expliziten Argumenten oder konkreten Maßnahmen

1 Gustav Seibt, *Trendforscher im Interregio. Für Bessergekleidete: Christian Krachts Deutschland*. In: *FAZ* vom 22. Mai 1995.

nicht irritiert werden? Wenn es um Überzeugungen geht, die im gesamten Habitus einer Person verankert sind und die umgekehrt auf das Wirkungsbild des Gegenüber reagieren, um zu entscheiden, ob es sich um eine Person meinesgleichen handelt, der man beipflichten kann, oder um einen Vertreter der anderen, die gar nicht Recht haben können?

Christian Kracht musste man auf solche Fragen nicht eigens bringen. Er stellte sie selbst, als er Jörg Haider 1995 eine *Tempo*-Reportage widmete: dem Politiker also, der die Erfolgsfähigkeit des politischen Populismus bewies.[2] An Haider konnte man schon alles studieren, was in den 2010er Jahren von der AfD bis zum Trumpismus die Welt der politischen Kommentare und Berichterstattungen nachhaltig irritiert hat: Als Kracht Haiders Wahlkampfauftritt in der Klagenfurter Messehalle beobachtete, erlebte er eine Veranstaltung, die wie eine Möchtegern-Oscar-Verleihung durchgestylt war. Die Kundgebung legte es auf Gänsehautmomente an. Haider trat auf wie eine Mischung aus »Popstar, Model, Schauspieler, Liebhaber, Vater, Führer« – offenbar fehlte ein guter Oberbegriff für diese krude Kombination, die im Publikum für wohlige Schauer sorgte und den politischen Gegner ratlos machte, weil das alles so peinlich überdreht, so unverschämt inszeniert und so eindeutig auf hirnlose Zustimmung angelegt war. Haider log nicht so richtig, aber »verbog« die Wahrheiten, bis die Welt so krumm war, dass sich Wahrheit und Lüge nicht mehr auseinanderhalten ließen. Er verkörperte für Kracht alles, was »die Sozialdemokraten« verabscheuten, weil sie es für bloß »manipuliert« oder nur »emotionell« hielten, »es aber nie als das empfanden, was es ist: Beeindruckend. Überlegen. Clever. Groß. Kalt«. Haider hetzte gegen die Korruption der sich selbst bereichernden Eliten und fütterte den Verfolgungswahn, dem er sich hingab, weil ihn das zur Inkarnation des Mainstream machte, der sich irgendwie unwohl fühlte: »Alle sind gegen ihn, die ›Österreichbeschimpfer und -beschmutzer‹, die ›lendenlahmen Linken, die sogenannten Künstler […]‹«. Mit anderen Worten: Er war der Mann des Volks.

Hier nun hüllte sich ausgerechnet Kracht ins Gewand einer politischen Kassandra und witterte »Gefahr für die Demokratie« von der Seite aus, die sich als offene Flanke liberaler politischer Systeme herausstellen sollte: »Man mag das Populismus nennen oder plakativ Bauernfängerei, aber genau das kann niemand sonst, und in Deutschland schon gar nicht: Bauern fangen. Die Sprache der Politik ist eine andere geworden. Jeder, der einmal

2 Mit Dank für den Hinweis an Erika Thomalla. Vgl. auch Kristin Steenbock, *Zeitgeistjournalismus. Zur Vorgeschichte deutschsprachiger Popliteratur: Das Magazin »Tempo«*. Bielefeld: transcript 2020.

Rudolf Scharping zu irgendeinem Thema gehört hat, weiß, daß die Gefahr für die Demokratie das Fehlen einer einfachen Sprache ist. Was fehlt, kann man kaum aussprechen: Volksnähe. Und Jörg Haider besitzt sie, diese Volksnähe«.[3]

Bei Lichte besehen gab Haider »die immer gleichen Parolen« aus. Alles war »ein bißchen armselig, ein bißchen unangenehm, und meistens arg bieder«. Es war aber eben zugleich effektiv und erfolgreich. Und weil das so war, weil dieser Erfolg einer Bankrotterklärung des politischen Intellekts gleichkam, gestand sich Kracht als Beobachter seine Fassungslosigkeit ein, um zu verstehen, was da gerade passierte: »Was soll man dazu sagen? Welchem halbwegs gebildeten Menschen fällt dazu etwas ein? Natürlich ist dieser Haider untragbar, ein Spießer, ein Hutzelmann, ein Wortverdreher im Helmut-Lang-Anzug. Wir aber können nur in Ästhetizismen flüchten, in die Ablehnung jeglicher Politik, ob sie nun gut inszeniert ist wie bei Jörg Haider oder gar nicht, wie bei Scharping. Uns fällt zu den Inhalten nichts mehr ein!« Bis zu diesem letzten Punkt hatte Kracht eine mehr als hellsichtige Reportage verfasst. Was aber half die Flucht in »Ästhetizismen« angesichts einer Erscheinung wie Haider, die für Leute wie Kracht eine gewaltige intellektuelle Zumutung bedeutete, von der für andere aber offenbar eine ästhetische Verführungskraft ausging: eine eigentümliche Stimmung des sich Gemeint- und Angesprochenfühlens, die so tief reicht, dass für die anderen nur noch Unversöhnlichkeit übrig bleibt?

Geschichtsästhetik

Rund zwei Jahre bevor Kracht mit *Faserland* die neue Konjunktur der Popliteratur anbahnte, brachte der *Spiegel* in seiner Ausgabe vom 8. Februar 1993 einen Text, der nach dem »deutsch-deutschen Literaturstreit« um Christa Wolf die zweite große Literaturdebatte nach 1989 auslöste: Botho Strauß' *Anschwellender Bocksgesang*. »Diese Tirade über die Linke, ›Demokratismus‹ und das Tutti-Frutti der Medien«, so meinte Thomas Assheuer zwei Tage nach Erscheinen des *Bocksgesang*-Essays in der *Frankfurter Rundschau*, »ist ein Einschnitt, ein unerhörtes Dokument – das erste aus dem Neuen Deutschland, undenkbar in der ›alten‹ Bundesrepublik.«[4] Auf den ersten Blick lässt sich kaum ein größerer Gegensatz denken als zwischen

3 Christian Kracht, *Sexy Führer*. In: *Tempo*, Nr. 12, Dezember 1995.

4 Thomas Assheuer, *Was ist rechts? Botho Strauß bläst ins Bockshorn*. In: Franz Josef Görtz u.a. (Hrsg.), *Deutsche Literatur 1993. Jahresüberblick*. Stuttgart: Reclam 1994.

Strauß und einem Autor wie dem jungen Kracht, zwischen dem Dichter also, für den es »nur außerhalb des herrschenden Kulturbegriffs« einen Platz unter den »Versprengten« (Strauß) geben konnte,[5] und den Vertretern jener popliterarischen Kaste einer »neuen Intelligenz«, die von all dem profitierte, was Strauß an der Mediendemokratie verabscheute.[6]

Die Gegensätze trafen sich jedoch in der gemeinsamen Abneigung all dessen, was mit dem Stichwort »Achtundsechzig« gemeint war. Beide Autoren reagierten mit Degout auf Institutionen und Personen, die wie selbstverständlich, so Strauß, »Allgemeinheitsansprüche des Politischen« erhoben, ohne ausreichend zu bedenken, worin die Akzeptanz solcher Ansprüche begründet liegen beziehungsweise welche dissoziierenden Nebeneffekte dieses Anspruchsdenken provozieren könnte. Wie weit also lagen der »Sezessionist« und diejenigen, die eher zur »kulturellen Gesamtveranstaltung Jugendlichkeit« gehörten, tatsächlich auseinander?

Jürgen Brokoff hat zuletzt in einer sehr genauen Analyse auf die Haken und Ösen des *Bocksgesang*-Essays aufmerksam gemacht:[7] Strauß auf eine klare Botschaft festzulegen, fiel und fällt bis heute auch deswegen so schwer, weil er seinen Essay nach der Veröffentlichung im *Spiegel* noch in zwei veränderten Fassungen publiziert hat, darunter in dem Sammelband *Die selbstbewusste Nation*, in dem er sich in selbst für ihn offenbar zweifelhafte politische Nachbarschaft begab, ohne dann doch mit dieser etwas zu tun haben zu wollen – oder vielleicht doch? Vor allem aber resultieren die Interpretationsprobleme daraus, dass Strauß mit größtem intellektuellem Raffinement operierte, facettenreich-wendig jedes Gegenargument bereits antizipierte und sehenden Auges provozierte. Selbst kritische Beobachter wie Assheuer gestanden Strauß durchaus eine treffende Lagebeschreibung zu, schüttelten allerdings energisch den Kopf darüber, dass die gesamte Misere vor allem einer Schuldigen angelastet wurde: der Linken. Wie also würde Strauß' Diagnose lauten, wenn man einmal so tut, als könne man all die gezielt eingesetzten Reizvokabeln, all das Gerede von »Sittengesetz«, »Blut-

5 Botho Strauß, *Anschwellender Bocksgesang*. In: *Spiegel* vom 8. Februar 1993. – Soweit nicht anders angegeben, stammen alle Strauß-Zitate aus diesem Text.

6 Cornelia Koppetsch, *Symbolanalytiker im Feld der kulturellen Produktion. Zum Wandel der Intelligenzrolle in Gegenwartsgesellschaften*. In: Heribert Tommek / Klaus-Michael Bogdal (Hrsg.), *Transformationen des literarischen Feldes in der Gegenwart. Sozialstruktur – Medien-Ökonomien – Autorpositionen*. Heidelberg: Synchron 2012.

7 Jürgen Brokoff, *Literaturstreit und Bocksgesang. Literarische Autorschaft und öffentliche Meinung nach 1989/90*. Göttingen: Wallstein 2021.

opfer«, den »Kräften des Hergebrachten« oder die ostentative Verachtung »unseres modernen egoistischen Heidentums« außen vor lassen?

Die Gesellschaft, so der sprachlich ausgenüchterte Befund von Strauß, hat sich strukturell gewandelt. Demnach steigen die Ansprüche des Einzelnen darauf, sich gut aufgehoben und als Singularität respektiert zu fühlen, und geraten in Spannung zu den Notwendigkeiten des sozialen Zusammenlebens. Politisch hat sich die liberale parlamentarische Demokratie nach 1945 zwar als überlegen erwiesen, sie ist den meisten Menschen in Deutschland jedoch zu vertraut und selbstverständlich, als dass sie die Vorzüge dieses historischen Ausnahmefalls noch angemessen wertschätzen. Dazu trägt auch der Lebenskomfort in einem Land bei, das zumindest im globalen Vergleich von gutgestellten Leuten bewohnt wird: Die Werte traditionaler, auf Mangel gründender Gesellschaften und deren Leitinstitutionen (Kirche, Militär, Nation) büßen in dieser postmateriellen und postheroischen Kultur ihre gleichsam natürliche Faszinationskraft ein. Gleiches gilt für den Stolz auf eine moralisch und politisch stabile Position, zu der man sich durch seine soziale Herkunft verpflichtet fühlt und die traditionsgemäß in sich plausibel und wertvoll erscheint.

Unterstützt von einem erweiterten Medienangebot, das mehr Menschen als jemals zuvor das Recht öffentlicher Rede einräumt, prägt die einst kurzfristig zugestandene Abweichungsphase »Jugend« nun den gesamten Habitus. Was früher als Trotzform pubertären Unbehagens ein lebensgeschichtliches Übergangsphänomen war oder als Provokation von Subkulturen sozial randständig erschien, prägt die normale Anspruchskultur. Grundsätzliche Gefahren, so Strauß' variantenreich formulierte Warnung, drohten dieser Gesellschaft neben der schon lange erkennbaren Umweltkatastrophe aus zwei Richtungen: von innen durch diejenigen, die den Wechsel vom Prinzip der Beziehungsvorgabe zur Beziehungswahl als Zumutung empfinden und – wie etwa die »Fremdenhasser« und »Neonazis« – mit aller Gewalt dagegen rebellieren; von außen durch diejenigen, die in Migrationsbewegungen gezwungen werden und für globale Unruhe sorgen.

Man wird – vorsichtig formuliert und unabhängig von Strauß' Wertungen – sagen dürfen, dass diese Diagnose nicht ganz unvertraut wirkt. Die aktuellen Probleme sind die Probleme der 1990er Jahre. Je nach Bedarf lieferte Strauß daher Stoff für grelle Schlagzeilen oder auch provokativ pointiertes Material für eine anspruchsvolle Gegenwartsanalyse. Der *Spiegel* forderte in einer kleinen Einleitung zum *Bocksgesang*-Essay dazu auf, den Text als Reflex auf eine »von Fremdenhaß und Desorientierung erschütterte Gegenwart« aufzufassen, damit sich nicht bei jeder »Reizvokabel [...] die alten Schubladen im Kopf auftun«.

Für Schubladendenken gab es damals wie heute allerdings gute Gründe: 1989 hatten die Republikaner mit 7 Prozent der Stimmen für die Wahl des Europäischen Parlaments und 7,5 Prozent bei der Wahl zum Berliner Abgeordnetenhaus ein Zeichen gesetzt. Die NPD wurde seit den 1970er Jahren politisch geächtet, die DVU aber, mit der die NPD Wahlabsprachen traf, war 1991 mit 6,2 Prozent der Stimmen und sechs Abgeordneten (darunter zwei Mitglieder der NPD) in die Bremer Bürgerschaft eingezogen, 1992 mit 6,3 Prozent in den Schleswig-Holsteinischen Landtag. 1991 und 1992 brannten die Unterkünfte von Asylbewerbern unter dem Jubel von Schaulustigen in Hoyerswerda und Rostock-Lichtenhagen. Am 23. November 1992 zündeten zwei Rechtsradikale in Mölln die Häuser türkischer Familien an. Gut drei Monate nach Erscheinen des *Bocksgesangs* fielen fünf Menschen einem Brandanschlag in Solingen zum Opfer – und das ist nur eine kleine Auswahl an fremdenfeindlichen Gewalt- und Mordtaten aus dieser Zeit. Es lag auf der Hand, dass man unter diesen Bedingungen eher dünnhäutig darauf reagieren würde, wenn ein so angesehener Intellektueller wie Botho Strauß sich für die »Rechten« starkmachte, auch wenn er keinen Zweifel daran ließ, dass er mit »Neonazis« nicht in einen Topf geworfen werden wollte.

Entscheidend ist aber etwas anderes: Strauß befasste sich auf maximal vage Weise mit politischen Prozessen. Die Zumutungen, mit denen er erfolgreich weite Teile des Feuilletons triggerte, speisten sich zum Teil aus dem Weltanschauungsarsenal der Zivilisationskritik, das seit Nietzsche fest etabliert war.[8] Wie viele andere konservative Revolutionäre zuvor wies er die verweichlichte Moderne mit einer Attitüde der Schonungslosigkeit auf die harten untergründigen Realitäten hin, die sich nur zeitweise verdrängen ließen und zudem für die Ertüchtigung des sozialen Organismus notwendig seien: »Daß ein Volk sein Sittengesetz gegen andere behaupten will und dafür bereit ist, Blutopfer zu bringen, das verstehen wir nicht mehr und halten es in unserer liberal-libertären Selbstbezogenheit für falsch und verwerflich.«

In solchen Sätzen steckt Wahres und Falsches, Diskutables und einfach nur schlecht Pauschalisiertes wie zu einem Teig verknetet. Es mag durchaus eine interessante Frage sein, ob und inwiefern Gesetze auf so etwas wie sittliches Einverständnis angewiesen sind oder ob sich die »Gesetzeskraft«

8 Klaus Kreimeier, *Wiedergänger und Nachbereiter. Nach Ignatz Bubis' Polemik gegen Botho Strauß: Ein Blick auf das Ideen-Recycling des zeitentrückten Dichters*. In: Franz J. Görtz u.a. (Hrsg.), *Deutsche Literatur 1994. Jahresüberblick*. Stuttgart: Reclam 1995.

doch aus weniger substantiellen Mechanismen speist.[9] Welches »Volk« aber will sein »Sittengesetz« unisono gegen welches andere »Volk« behaupten und erbringt dafür gegebenenfalls sogar »Blutopfer«? Das ist dann doch ohne jede Lust an einer genaueren Analyse formuliert, ohne Interesse an den Mechanismen und Funktionen politischer Propaganda oder auch an Machtverhältnissen und Machtkämpfen.

Strauß bewegte sich auf einer Flughöhe, von der aus alles mit allem irgendwie zusammenhing und noch nicht einmal ein tragisch-verhängnisvolles Gesamtbild ergab. Wer sich dort befand, der hörte – ganz »im Banne des Vorgefühls« – »nur den lauter werdenden Mysterienlärm, den Bocksgesang in der Tiefe unseres Handelns«, ein bedrohliches Rauschen oder ein »letztes knisterndes Sich-Fügen«, auf das einzig »das Reißen von Strängen, gegebenen Händen, Nerven, Kontrakten, Netzen und Träumen« folgen werde. Strauß betrieb historische Trendforschung und fasste andeutungsreich zusammen, was nicht mehr ging, was gerade noch ging und was in Zukunft nicht mehr gehen würde. Es handelte sich, orientiert am ursprünglichen philosophischen Begriff, um Geschichts*ästhetik*. Im 18. Jahrhundert war die »Ästhetik« nämlich als Wissenschaft vom »Grund der Seele« etabliert worden,[10] jener Zone also, wo aus unbedachten Kleinigkeiten und unscheinbaren Anzeichen folgenreiche Handlungen erwachsen und die daher kultiviert werden muss. Wo Argumente nicht verfangen, weil dazu keine Disposition bestand und weil man keinen Geschmack an einem bestimmten Denkstil und seinen Voreinstellungen fand, da sollten nicht zuletzt die Künste für entsprechende Neigungen sorgen.[11]

Weil es um untergründige Strömungen ging, schlug auch für Strauß die Stunde der wahren Poesie als Schöpfung desjenigen, der den »Mut zur Sezession« aufbringt. Er interessierte sich dezidiert nicht dafür, wie man demokratische Prozesse konkret etwa vor jenem Wählerstimmenmonopoly bewahren könnte, das bei der Planung der ersten Bundestagswahl im wiedervereinigten Deutschland einen schalen Geschmack hinterließ. Stattdessen

9 So die Idee von Jacques Derrida, *Gesetzeskraft. Der »mystische Grund der Autorität«*. Frankfurt: Suhrkamp 1991.

10 Hans Adler, *Fundus Animae – der Grund der Seele. Zur Gnoseologie des Dunklen in der Aufklärung*. In: *Deutsche Vierteljahrsschrift für Literaturwissenschaft und Geistesgeschichte*, Nr. 62/2, Juni 1988; Steffen Martus, *Aufklärung. Das deutsche 18. Jahrhundert – ein Epochenbild*. Berlin: Rowohlt 2015.

11 Vgl. Steffen Martus, *Politische Stimmungen. Justus Mösers Analyse der Staatsmoden*. In: Ulrich Winzer / Susanne Taus (Hrsg.), *»Es hat also jede Sache ihren Gesichtspunct …«. Neue Blicke auf Justus Möser (1720–1794)*. Münster: Waxmann 2020.

handelte er vom »Demokratismus« als allgemeiner Befindlichkeit der Massengesellschaft. Er grübelte nicht darüber, wie sich politische Entscheidungen mit wirtschaftlichen Gegebenheiten so harmonisieren lassen, dass die damals gerade laufende Arbeit der »Treuhandanstalt« nicht so verheerend wirkte; ihn beschäftigte der »Ökonomismus« als Zeitgeistphänomen. Und die Gestaltung einer humanen Einwanderungspolitik war ihm ebenso egal wie die Frage, wie sich Moral und Politik ohne Selbstüberforderung oder -überschätzung verbinden lassen. Oder wie man politische Mehrheiten für den Klimaschutz gewinnt. Strauß zielte stattdessen andeutungsreich aufs Große und Ganze, und dort steht man gewöhnlich vor Entwicklungen, die sich wie Naturereignisse jeder systeminternen Gegenmaßnahme entziehen und daher harten, umfassenden Protest verdienen.

Strauß schwelgte im Sorgenrausch. Er bewegte sich mithin in jenen Stimmungszonen, denen sich die Ästhetik im 18. Jahrhundert zunächst gewidmet hatte. Deshalb spielte er, wie Jürgen Brokoff gezeigt hat, am Anfang des Essays in anthropologisch schlechtgelaunter Weise auf Schillers Konzept der ästhetischen Erziehung an. Strauß sorgte sich um jene anthropologischen Tiefenschichten, an denen sich entscheidet, ob ein »Mensch« dazu aufgelegt ist, ein »Staatsbürger« zu sein, eine Person also, die sich mit unvorgreiflicher Evidenz an bestimmte gesellschaftliche und politische Konventionen zu halten bereit ist. Wegen der ästhetischen Manipulationsmöglichkeiten bezieht sich im Übrigen auch Götz Kubitschek als Programmchef einer neurechten Kulturpolitik – bei allen Differenzen – nicht nur gern auf Strauß' *Anschwellenden Bocksgesang*, sondern auch auf das unterschwellige Erziehungsmodell Schillers.[12]

Entscheidend ist freilich, dass zwischen der Aufwertung von Kultur einerseits und der Sehnsucht nach der Bindekraft nationaler, ethnischer oder »sittengesetzlicher« Ordnungen unter Bedingungen eines wohletablierten Kulturbetriebs andererseits eine erhebliche Spannung besteht. Der *Bocksgesang*-Autor hätte eigentlich nur das Ergebnis des großen Sozialexperiments der deutschen Teilung berücksichtigen müssen. Vier Jahre nach der Wende konnte man gut die Macht von Kulturalisierungseffekten sehen, die gerade nichts mit jenen »Kräften des Hergebrachten« zu tun hatten, um die es Strauß ging. Das Ergebnis war angesichts der Fremdheit zwischen Deutschen in West und Ost ziemlich klar: »Mentalitäten, Stimmungen, habituel-

12 Vgl. Mladen Gladić/Erika Thomalla, *Literatur als Klartext. Wie Rechte lesen*. In: *Merkur*, Nr. 862, März 2021; Torsten Hoffmann, *Ästhetischer Dünger. Strategien neurechter Literaturpolitik*. In: *Deutsche Vierteljahrsschrift für Literaturwissenschaft und Geistesgeschichte*, Nr. 95, Mai 2021.

le Eigenarten, Vorlieben, Redeweisen und psychologische Dispositive«, so bemerkte Jochen Hörisch bereits kurz nach der *Bocksgesang*-Debatte, »haben mit (gar ethnisch begründeter) Zugehörigkeit zu einer Nation schlechthin nichts zu tun. Sie sind vielmehr mit schrecklich-schöner Eindeutigkeit ein Effekt von Institutionen, Erziehungsstilen, Währungen, ökonomischen Verkehrsformen und medialen Öffentlichkeiten. Wer das nicht spätestens 1989 begriffen hat, hat überhaupt nichts begriffen«.[13] Lässt sich also auch der *Anschwellende Bocksgesang* als Effekt von »ökonomischen Verkehrsformen« und »medialen Öffentlichkeiten« deuten, als Ausdruck genau jener Zumutungen, denen Strauß sich durch eine radikale »Sezession« eigentlich entziehen wollte?

Sezessionisten

Tatsächlich stellt sich, ähnlich wie bei der Kultur- und Fernsehkritik der Frankfurter Schule, von der Strauß eigentlich kam, auch bei ihm eine grundlegende Frage: Was macht das Fernsehen mit seinem Kritiker?[14] Man könnte nämlich durchaus den Eindruck gewinnen, Strauß habe nicht nur zu viel Nietzsche, Spengler, Heidegger, Schmitt oder Jünger gelesen, sondern auch zu viel Fernsehen geschaut: zu viele auf Effekt setzende Nachrichtensendungen, in denen Flüchtlingstrecks gezeigt wurden, zu viele skandalisierende Diskussionsrunden, in denen Prekarität nur als ein Aufreger unter anderen diente, und vor allem zu viele jener schamlosen Formate, mit denen das Privatfernsehen den Bereich des Zeigenswerten in den neunziger Jahren in einer wirklich staunenswerten Weise ausdehnte. »Die meisten Überzeugungsträger«, so vermutete Strauß, »die sich heute vernehmen lassen, scheinen ihren Nächsten überhaupt nur als den grell ausgeleuchteten Nachbarn in einer gemeinsamen Talkshow zu kennen. Sie haben offenbar das sinnliche Gespür – und das ist oft auch: ein sinnliches Widerstreben und Entsetzen – für die Fremdheit jedes anderen, auch der eigenen Landsleute, verloren.«

Wo aber fand man die von Strauß als »›Typus‹ des Deutschen«, als »Repräsentanten der Bevölkerungsmehrheit« abgekanzelten Personen, jenen »deformierten, vergnügungslärmigen Landmann [...] in der Gesamtheit seiner Anspruchsunverschämtheit«, der seine »Würde« nicht besonders

13 Jochen Hörisch, *Was generiert Generationen: Literatur oder Medien? Zur Querelle allemande zwischen Achtundsechzigern und Neunundachtzigern*. In: Ders. (Hrsg.), *Mediengenerationen*. Frankfurt: Suhrkamp 1997.

14 Vgl. Harun Maye, *Blättern / Zapping. Studien zur Kulturtechnik der Stellenlektüre seit dem 18. Jahrhundert*. Zürich: Diaphanes 2019.

hochhält? Am ehesten wohl auf RTL bei Karl Dall (*Dall-As*, 1985–1991), bei Ulrich Meyer (*Explosiv*, seit 1989) und dann bei Hans Meiser, der 1992 das Format der täglichen Nachmittagstalkshow ins deutschen Fernsehen eingeführt hatte. Und nicht nur dies: Auch die harten Schnitte, mit denen Strauß operierte und die historische Lage dramatisch zuspitzte, die Gegenüberstellung also des reichen, saturierten westeuropäischen »Demokratismus« und »Ökonomismus« auf der einen Seite und – klar davon geschieden – der zum »Blutopfer« bereiten Nationen in Osteuropa und Mittelasien auf der anderen Seite, verdankte sich einer Optik der Fernbedienung, mit der man übergangslos von einer Sendung zu einer ganz anderen zappt, ohne Übergänge, Zwischentöne und Differenzierungen. Strauß' kritische Bemerkung zu dieser Medienpraktik traf das eigene Vorgehen erstaunlich gut: »Es herrscht der Drill des Vorübergehenden, gegen den keine Instanz der Erde sich noch auflehnen kann. Dieser wird im wesentlichen mit ›Schnitten‹ ermöglicht; aber die Schnitte haben entgegen dem Wortsinn nichts Trennendes, sie bringen es vielmehr zustande, daß eine unendliche Kette der Berührungen entsteht, daß letztlich alles mit allem in Berührung gerät«.

Bezeichnenderweise wird man nun einer Gruppe nicht vorwerfen können, dass es ihr an »sinnlichem Widerstreben und Entsetzen« gegenüber den »Repräsentanten der Bevölkerungsmehrheit« gemangelt habe: den Vertretern der Popliteratur. Diese reagierten zwar, zumindest in der Variante von Benjamin von Stuckrad-Barres *Soloalbum* (1998), anschmiegsamer auf eine Situation, in der das literarische Buch plötzlich mit »ungefähr 60 Fernsehkanälen« konkurrierte. Und sie nahmen die »Geltung von Deutungsmustern, Werten und Normen, Wissensbeständen und Weltbildern« gerade nicht in tragisch-schicksalshafter Weise als gegeben an, sondern fragten danach, wie bestimmte Medienaktivitäten für die Bedingung der Möglichkeit von Geltung sorgten beziehungsweise Geltungswahrscheinlichkeiten erhöhten. Wie Strauß aber verfügten gerade auch sie über die ausgeklügelte Fähigkeit, den inneren Zwang von Lebenszusammenhängen in literarischen Ko-Okkurrenzanalysen zu entziffern: Wer so und so aussieht, wird dieses und jenes sagen, tun, lesen, meinen, kaufen, weil man dies halt so macht.[15]

Strauß betrachtete die Welt des »Sekundären« von der einen Seite, die Popliteraten von der anderen. Beide waren sich im geschmacklichen Unbehagen darüber einig, welche Primäreffekte der Gefühlsgewissheit, Normalitätsunterstellung und Plausibilitätsüberzeugung daraus hervorgingen. Strauß zog letztlich die Register dessen, was Luc Boltanski und Eve Chiapello eini-

15 Vgl. Moritz Baßler, *Der deutsche Pop-Roman. Die neuen Archivisten*. München: Beck 2002.

ge Jahre später als »Künstlerkritik« beschrieben und von der »Sozialkritik« unterschieden haben: Gemeint ist damit die Verallgemeinerung der Forderung nach Emanzipation, Autonomie und Authentizität, die traditionell in Kreisen der künstlerischen Boheme und Subkultur gepflegt wurde. Das Problem bestand nun allerdings darin, dass genau diese Form der Kritik dem Kapitalismus »neuen Geist« eingehaucht hatte und wirtschaftlich bereits als ein Mittel gegen die Konsumerschöpfung der 1970er Jahre absorbiert worden war: Immer weniger Arbeitsplätze waren sicher vor jenen Flexibilitäts- und Autonomiezumutungen, die in der Kreativwirtschaft offensiv das Tagesgeschäft bestimmten. Zum Ausgleich durfte man die Wirtschaft als Konsument eines Marktes unterstützen, der nun insbesondere »unterscheidende« oder »unverfälschte« Produkte anbot, um Authentizitätsbedürfnisse kurzfristig zu stillen.[16]

Wie also sollte die künstlerische Totalkritik an den Verhältnissen auf diese federnde Reaktionsfähigkeit des Kapitalismus antworten? Ein Reaktionsmuster, so Boltanski und Chiapello, bestand darin, dass der »Künstlerkritiker« seine »Hellsichtigkeit« bewies und diese prophetische Fähigkeit »als die einzige angesichts der drohenden Apokalypse noch würdige Haltung« ausgab. Solche Mahner hüllten sich typischerweise »in das aristokratische, aber abgetragene Gewand des Pamphletisten« und konfrontierten die »verdummten Massen« mit ihrem »einsame[n] ›Bewusstsein‹«. Auch damit rechnete Strauß: »Der Widerstand«, so das *Bocksgesang*-Finale, »ist heute schwerer zu haben, der Konformismus ist intelligent, facettenreich, heimtückischer und gefräßiger als vordem, das Gutgemeinte gemeiner als der offene Blödsinn, gegen den man früher Opposition oder Abkehr zeigt«. Für Strauß schlug damit die Stunde der wahren Poesie als Schöpfung desjenigen, der den »Mut zur Sezession« aufbringt. Nur resultierte eben auch diese »Abkehr« aus dem verachteten System, das sich mit dem Zugeständnis einzigartiger Erlebnisbedürfnisse überhaupt als »das System«, als Gegenüber, zu dem man sich in Totalopposition begeben konnte, erfahrbar machte.

Boltanski und Chiapello bezogen sich nicht auf Botho Strauß. Umso erstaunlicher, wie gut ihre Beschreibung dessen Haltung erfasst und verdeutlicht, dass es sich um eine gar nicht so einsame und besondere Antwort auf Problemlagen der neunziger Jahre handelte. Bei Strauß fiel die Liaison mit dem Zeitgeist nur untergründiger aus als in den Kreisen der neuen Popliteratur: Man hat es als eklatanten und entlarvenden Widerspruch aufgefasst, dass er als Verächter der Massenmedien seinen *Anschwellenden*

16 Luc Boltanski / Eve Chiapello, *Der neue Geist des Kapitalismus*. Universitätsverlag Konstanz 2003.

Bocksgesang ausgerechnet im *Spiegel* publiziert hatte, damit einen Mediencoup landete und den »Skandal-Oscar« des Jahres 1993 einheimste.[17] Strauß' Essay passte aber in das Hamburger Nachrichtenmagazin, weil es schon immer energisch die Kulturalisierung von Politik betrieben hat. Die »schlichte Nachricht«, so polemisierte Hans Magnus Enzensberger bereits in den 1950er Jahren gegen die Sprache des *Spiegel*, spiele gegenüber der »Story«, also in der Aufmerksamkeitskonkurrenz mit einem »pseudoästhetische[n] Gebilde«, eine nur verschwindend geringe Rolle.[18]

Allein die Bebilderung des *Anschwellenden Bocksgesangs* belegt die Dramatisierungsbereitschaft des Nachrichtenmagazins: Als bestünden dazwischen keine kategorialen Differenzen, folgen in einer Reihe Szenen auf dem Theater (»Strauß-Stück ›Schlußchor‹ an der Berliner Schaubühne«), aus dem Krieg (»Bürgerkrieg in Tadschikistan«), von der Straße (»Bettlerin in Frankfurt am Main«, »Hooligans in Dresden«) und aus dem Fernsehen (»RTL-Fernsehshow ›Traumhochzeit‹«).

Wie weit gerade der *Spiegel* bereit war, Politik aus einer kulturellen Perspektive zu betrachten, demonstrierte ein Jahr nach dem *Bocksgesang* die *Spezial*-Ausgabe *Pop & Politik*.[19] Auf der einen Seite erklärte das Editorial: »Pop hört sofort auf, Pop zu sein, wenn er sich in den Dienst von Parteien stellt.« Diese parteienpolitische und notorisch ungeliebte, aber schwer verzichtbare Seite der Demokratie passte also nicht zur Popkultur. Zugleich aber galt: »Nie war Pop politischer als heute.« Dieser Pop wollte zwar vor allem »Spaß«, wurde jedoch dann politisch, wenn »die Verhältnisse diesen Spaß nicht gestatten«: »Deshalb liefern die Rapper den Soundtrack zu den Rassenunruhen in den großen amerikanischen Städten. Deshalb fürchten sich die Sittenwächter vor Madonna und so mancher Heavy-Metal-Band. Deshalb haben Nazi-Rocker eine Chance bei Deutschlands desparater Jugend. Deshalb formulieren Grunge und Techno das Unbehagen einer ganzen Generation. Deshalb bläst Clinton in sein Saxophon.« Und deswegen kauften junge Leser Bücher, in denen schnöselige Ich-Erzähler ihrer Mainstream-Verachtung im *Faserland* freien Lauf ließen?

Auf den ersten Blick trug der *Spiegel* hier viel von dem zusammen, was Strauß als »kulturelle Gesamtveranstaltung Jugendlichkeit« anprangerte.

17 Karl-Ludwig Baader, *Aufbauscher und Abwiegler. Mit seinem Essay »Anschwellender Bocksgesang« landete der Medienverächter Botho Strauß den Mediencoup des Jahres.* In: Franz Josef Görtz (Hrsg.), *Deutsche Literatur 1993. Jahresüberblick.*

18 Hans Magnus Enzensberger, *Die Sprache des Spiegel.* In: *Spiegel* vom 5. März 1957 (www.spiegel.de/kultur/die-sprache-des-spiegel-a-2013630a-0002-0001-0000-00003209 2775).

19 *Spiegel Spezial*, Nr. 2, 1994. *Pop & Politik.*

Aber eben nur auf den ersten Blick. Ähnlich wie Strauß schielte die Popkultur nämlich in zwei Richtungen. Sie träumte von der maximalen sozialen Eingeschlossenheit, versprach Formen des innigen Dazugehörens und zeigte sich in Stil-, Geschmacks- und Fankonflikten oder in den typischen *riots* der Jugendkultur durchaus dazu bereit, ein »Blutopfer« für die eigene Fan-Gemeinschaft zu bringen. Zugleich aber führte der Weg zu dieser Integration über den »Anti-Integrationismus«, durch die »Sezession«, über die nicht nur Botho Strauß, sondern auch Diedrich Diederichsen in seinen »zehn Thesen« zum Zusammenhang von »Pop & Politik« reflektierte.[20] Pop durfte demnach die etablierten Machtstrukturen als »Scheißspiel« durchschauen, *grundsätzlich* ablehnen und *insgesamt* denunzieren.

Die Diagnosen glichen sich auffällig. Strauß sah die Gesellschaft »in die Beständigkeit des sich selbst korrigierenden Systems eingelaufen«; aus Perspektive des *Pop & Politik*-Sonderhefts war der »Zustand der Selbststeuerung erreicht«.[21] In beiden Fällen folgte daraus die Totalverweigerung des politischen Beobachters, der »voller Leidenschaft« ablehnend auf seine Umwelt blickte. Leidenschaft nämlich »ist der größte Feind der Liberalität«. Sie lässt kein Mehr oder Weniger, sondern nur das Entweder-Oder zu. »Fühlt man leidenschaftlich, dann ist man angezogen von den Dingen oder abgestoßen.« Wer die Gesellschaft so betrachtete, der »lebt im Aufstand gegen die schlechte Welt« und blickt voller Degout auf eine Gesellschaft der »entfremdeten Arbeit, des entfremdeten Vergnügens und der entfremdeten Wahrheiten«. »Entfremdung« war in solchen Zusammenhängen jedoch nicht mehr ein Begriff aus einer materialistischen Theorie, sondern »eine Krankheit«, und deren »Symptome« ließen sich beim sozialen Vogelflug irgendwie überall entdecken. Alle diese Zitate und Diagnosen stammen aus einem Artikel von Ulf Poschardt, damals Redakteur bei der *Vogue*. Er beschrieb damit nicht Botho Strauß, sondern Denis, einen 23-jährigen Hipster, »wie wir ihn heute kennen: cool, arrogant und unerreichbar für alle, die nicht in seiner Welt verkehren«.[22] Sezessionisten wie Botho und Denis waren damit im Übrigen so ziemlich das genaue Gegenteil der Jugendministerin Angela Merkel, die (in *Pop & Politik*) in einem Interview mit Campino, dem

20 Diedrich Diederichsen, *Wer fürchtet sich vor dem Cop Killer? Zehn Thesen*. In: *Spiegel Spezial*, Nr. 2, 1994. *Pop & Politik*.

21 Cordt Schnibben, *Napalm ja, Pudding nein. Warum Pop zu Politik wird und Politik zu Pop*. In: *Spiegel Spezial*, Nr. 2, 1994. *Pop & Politik*.

22 Ulf Poschardt, *Die beste aller Welten. Über Stil und Subversion*. In: *Spiegel Spezial*, Nr. 2, 1994. *Pop & Politik*. Zur längeren Tradition vgl. Dirck Linck, *Désinvolture und Coolness. Über Ernst Jünger, Hipsters und Hans Imhoff, den »Frosch«*. In: *Kultur & Gespenster*, Nr. 3, Winter 2007.

Sänger der Toten Hosen, auf eine so grandiose Weise unhip und uncool auftrat, dass sie schon wieder extrem lässig wirkte: »Auf Feten war ich unheimlich traurig, daß ich mich nicht in die Musik reinsteigern konnte. Ich war immer das Mädchen, das Erdnüsse ißt und nicht tanzt.«

Noch einmal zurück ins Jahr 1993: Nicht ganz drei Wochen, bevor Strauß' *Bocksgesang* im *Spiegel* erschien, war Bill Clinton ins Weiße Haus eingezogen. Aus Perspektive des alten Europa bot die von Hollywood-Regisseuren choreografierte und mit Film- und Popstars garnierte Fernsehshow zur Amtseinführung des US-amerikanischen Präsidenten eine Steilvorlage.[23] Tatsächlich haben »Präsentationsprofis« wie Clinton, Tony Blair oder Gerhard Schröder, deren Parteigewicht eigentlich auf dem linken Fuß lag, die »öffentliche Kommunikationskultur revolutioniert« und ein Bündnis zwischen der Politik und der Unterhaltungskultur insbesondere des Fernsehens geschlossen.[24] Die Pointe liegt nicht darin, dass damals die Medien die Regie übernommen hätten – wie soll Politik, zumal wenn sie demokratisch verfahren will, ohne Medien auskommen? Überraschend ist vielmehr, dass sich Politiker *bestimmten* Medienformaten und -formen aus der Welt des Entertainments entschlossen in die Arme warfen und sich strikt in Richtung des »Politainment« orientierten. Politik drohte zu einem »Unterhaltungsformat« unter anderen zu werden.

Umgekehrt entdeckte das deutsche Fernsehen einige Jahre später »politische Unterhaltung« für sich neu. So wurde etwa im deutschen Fernsehen mit *Christiansen* (und dann den diversen Nachfolgesendungen auf dem Sendeplatz sonntags nach dem *Tatort*) seit 1998 »ein wichtiges und vorbildliches Forum der öffentlichen Inszenierung politischer Meinungen« (Dörner) etabliert. Die Rahmenbedingungen und Konkurrenzbeziehungen solcher Sendungen waren durch die Einführung des dualen Rundfunksystems 1984 gesetzt worden. Der Markt hatte entschieden: Fernsehen war gemessen an Erfolgskriterien ein Unterhaltungsmedium beziehungsweise folgte dem »Unterhaltungsimperativ«. Und dies wiederum bedeutete: Was auch immer gezeigt wurde, musste sich gut anfühlen – und sei es, um sich bei Fernsehabenden à la Botho Strauß durch Angst, Abscheu und Entsetzen im Gefühl der Empörung selbst zu erleben. Das »feeling good« oder »bad« bildet dann eine wichtige, wenn nicht letztlich *die* »Grundlage der Legitimität und damit auch der Sachpolitik«, und dies zumal unter Bedingungen

23 Uwe Wittstock, *Leselust. Wie unterhaltsam ist die neue deutsche Literatur? Ein Essay*. München: Luchterhand 1995.

24 Andreas Dörner, *Politainment. Politik in der medialen Erlebnisgesellschaft*. Frankfurt: Suhrkamp 2001.

einer Gesellschaft und Kultur, die die Realisierung der eigenen Neigungen und Bedürfnisse sehr wichtig nahm und akzeptierte.

Wirft man einen Blick aus den 1990er Jahren auf die Gegenwart, dann erklärt sich zumindest zum Teil die Lust an schlechter Laune und Aggressionsbereitschaft auf querdenkerischen Veranstaltungen: Das Sich-irgendwie-grundsätzlich-schlecht-Fühlen beziehungsweise der Anspruch auf ein gutes Gefühl gilt als solides Fundament politischer Radikalopposition. Unter diesen Bedingungen geht es dann eben weniger darum, welche politischen Argumente vorgebracht werden, sondern sehr viel mehr darum, wie Politik aussieht, wie sie klingt und wie sie sich anfühlt. Wie in Fan-Kulturen bilden sich auf dieser Grundlage *Musts* und *No-Gos*, die in leidenschaftlichen Zu- und Abneigungsgemeinschaften mit größter Gefühlsgewissheit als alternativlos erscheinen.

Das geschieht nicht argumentationslos. Die Weichenstellungen jedoch, die argumentativen Umgang mit alternativen Positionen ermöglichen oder verhindern, finden zuvor auf einer ästhetischen Ebene statt. Man kann dann versuchen, möglichst populär zu sein und die Nation als Ansammlung von Fans eines gemeinsamen politischen Projekts anzusprechen, oder man setzt auf das eigene Spartenprogramm, polarisiert und treibt einen möglichst tiefen Keil zwischen die eigenen Fans und die der Aufmerksamkeitskonkurrenten. Beides gehört zu jener Popkultur, in der sich die Literatur und die Politik nach 1989 neu orientierten.

Dann aber ist die Entscheidung zwischen einer blauen und einer grünen Barbour-Jacke oder zwischen Botho Strauß auf der einen, Stuckrad-Barre und Christian Kracht auf der anderen Seite nicht einfach wichtiger oder anspruchsvoller als die zwischen SPD und CDU. Diese Entscheidungen fallen vielmehr auf ähnliche Art und Weise und können daher überhaupt erst miteinander konkurrieren. Nicht von ungefähr brachte der *Spiegel* in seinem *Pop & Politik*-Spezial von 1994, ein Jahr nach Strauß' *Bocksgesang*, einen langen Ausschnitt aus Krachts *Faserland*, irrte sich aber bei den politischen Implikationen des Texts: Es handelte sich zwar um einen Beitrag über »Tweetjacketts« und »Partys«, nicht aber über das »Ende der Rebellion«, sondern über die neuen ästhetischen Grundlagen der Opposition.

Adrian Daub
Die Erben des Silicon Valley

Die *creatio ex nihilo*, die Schöpfung aus dem Nichts, ist einer der Begriffe, bei denen man sofort misstrauisch aufhorcht. Wenn jemand so tut, als habe er etwas aus nichts geschaffen, ist das so gut wie immer ein Indiz dafür, dass eine inkommode Hintergrundgeschichte mehr oder weniger dezent aus dem Blickfeld geschoben werden soll. In der fantastischen Vorstellung, vor uns sei gar nichts da gewesen, steckt eine beträchtliche ideologische Kraft. Immerhin darf der Schöpfer *ex nihilo* für sich zumindest einen zarten Abglanz göttlicher Macht in Anspruch nehmen. Wertschöpfer, Schöpfer von Arbeitsplätzen werden mit diesem Kniff zu entfernten Verwandten des ganz großen Schöpfers, ihre Legende eine Art Genesis-Erzählung.

Dasselbe gilt für den Begriff der unberührten Erde, der *terra nullius*, der gerade im amerikanischen Westen immer schon zur Ideologie der Konquistadoren aller Sorten gehörte. Als die Tech-Industrie begann, sich in einem Landstrich Nordkaliforniens entlang der Bucht von San Francisco anzusiedeln, deutete sie das Land, das sie kolonisierte, zu einem Niemandsland um, das erst jetzt zum Schauplatz wirklich wertschöpfender Aktivitäten werde – einem Garten Eden mit ein paar Aprikosenhainen, einer einzigen Eisenbahntrasse und wenig anderem. Diese Art Pioniergeschichte ist im Silicon Valley mittlerweile ein allgegenwärtiger rhetorischer Trick: Vor uns war keiner da, vor uns hat keiner das Problem erkannt, vor uns hat keiner diese Lösung ausprobiert. Pioniergeist bedingt Amnesie und umgekehrt, und mit beidem kann das Silicon Valley zur Genüge aufwarten.

Hinterlassenschaften sind hier weniger wichtig als Zukünftigkeit. Dieses Selbstverständnis drückt sich nicht nur in der Architektur aus, die so tut, als sei nichts vor ihr dagewesen. Sondern auch in einer Industrie, die sich umweltbewusst gibt, deren umweltverschmutzende Anfänge – insbesondere in der Form des krebserregenden Trichlorethylen, mit dem hier jahrzehntelang nach der Fertigung die Halbleiter gesäubert wurden – im Santa Clara County eine rekordverdächtige Zahl an sogenannten »superfund sites« hinterlassen haben, von der Umweltbehörde als hochgradig kontaminiert ausgewiesene Areale, die nur unter massivem finanziellen Aufwand aus öffentlicher Hand in jahrzehntelanger Arbeit entgiftet werden können. Doch weil alles auf Neuanfang gestellt werden soll, will man im Silicon Valley von solchen buchstäblichen Altlasten nichts wissen.

Das zeigt sich auch an den Namen der hier steinreich Gewordenen und immer noch Werdenden. Namen, die von Geld erzählen, das im Hier und

Jetzt, in dieser Generation verdient wird und nicht von irgendeiner früheren Generation geerbt worden ist. Es ist wahrscheinlich kein Zufall, dass die deutsche Besorgnis ob der Hypertrophie des Erbens ungefähr zeitgleich mit der Faszination für das Gegenbild Silicon Valley aufkam. Die Erbengesellschaft ist eine, die vor lauter Vergangenheit nicht mehr zur Gegenwart kommt. »Weh dir, daß du ein Enkel bist!«, sagt Mephistopheles – Enkel sein ist wahrscheinlich ein zutiefst europäisches Trauma, im Silicon Valley ist es jedenfalls keines.

Gewiss, eines Tages in ferner Zukunft könnte es gut sein, dass die letzten Sprösslinge der Zuckerberg-Chan-Dynastie die Boulevardmagazine mit ihren Peinlichkeiten beglücken oder mit einer Hanno Buddenbrook'schen Coda einfach verklingen. Vielleicht wird der Sohn Elon Musks, X Æ A-XII Musk, eines Tages für politische Ämter kandidieren, nur weil er einen großen Namen und unermessliche Mittel zur Verfügung hat. Aber bis es so weit ist, wird sich das Geld dieser Familien neu anfühlen, wird neu scheinen.

Die gefühlte Neuheit des Kapitals gehört inzwischen zum Mythos Silicon Valley, ist eine wichtige Stütze seiner Legitimität. Im sich langsam etablierenden Kanon der Silicon-Valley-Filme und -Serien kommen Eltern und Familien kaum vor – ob Michael Fassbender oder Ashton Kutcher als Steve Jobs, Jesse Eisenberg als Mark Zuckerberg, wir begegnen diesen Aposteln der Disruption jeweils im College, wo sich ihr Wille zur Macht äußern kann und ihr Außenseiterstatus gut zeigen lässt. Sozial eingebettet wirken diese Figuren nur selten, ihre Bahn ist eher exzentrisch denn vorhersehbar. Eine solche Darstellung verbietet eine Beschreibung der Familienverhältnisse fast.

Auch in deutschen Medien liest man immer wieder Storys über die Neureichen von San Francisco, darüber, dass sie nicht wüssten, wohin mit dem Geld, oder dass sie es für Absurditäten verschwendeten. Die Frage, wie »neu« das Geld, das im Silicon Valley investiert und »gemacht« wird, tatsächlich ist, steht schon seit vielen Jahren im Raum. Letztlich ist sie nicht zu beantworten: Wie entscheidet man, ob Geld wirklich »neu« ist? Aber allein schon die Frage aufzuwerfen, wo das Geld herkommt und wie es umverteilt wird, hilft weiter, denn das fördert unbequeme Kontinuitäten zutage und führt zu einem neuen Verständnis dieses Ortes, dieser Industrie, und, nun ja, ihrer Genesis.

Das Silicon Valley versteht es geschickt, uns seine Selbstwahrnehmung als Fakt zu verkaufen – das ist für eine Industrie, in der Wahrnehmung überlebenswichtig ist, natürlich keine verkehrte Idee. 2014 veröffentlichte das US-Wirtschaftsmagazin *Forbes* eine Analyse, die belegen sollte, dass »die reichsten Menschen in den USA mittlerweile mehr und mehr ›self-made‹ sind, während in der jüngeren Vergangenheit vor allem Dynastien den Wohlstand erbten und bündelten«. Der Hauptindikator war für die *Forbes*-Autoren das Silicon Valley, wo »mehr als 94 Prozent der Tech-Milliardäre ihr eigenes Vermögen geschaffen haben«. In vergleichsweise etablierten Wirtschaftszweigen waren die Zahlen natürlich viel niedriger. *Forbes* bringt damit auf den Punkt, wie das Silicon Valley im Diskurs um Meritokratie, Wertschöpfung und Innovation funktioniert: Es verkörpert das antidynastische Prinzip schlechthin, es ist der Garant dafür, dass die Zukunft des Kapitalismus nicht etwa im Erben und Horten liegt, sondern in der schöpferischen Disruption von Ererbtem.

Wie aber kam *Forbes* überhaupt zu der These von der antidynastischen Tech-Industrie? Die Autoren bewerteten die Superreichen auf einer Skala von eins bis zehn. Eins bedeutete »komplett ererbtes Vermögen ohne Versuch, es zu vermehren«; Vier bedeutete »Vermögen geerbt und bedeutend vermehrt«; Sieben bedeutete »self-made, aber Kind reicher Eltern und mit vermögendem Hintergrund«; und Acht bedeutete self-made, aber »mit einem Background in der Mittel- oder oberen Mittelschicht«. Um als Zehn durchzugehen, hätte man wohl schon in einem Binsenkörbchen im Fluss ausgesetzt worden sein müssen.

Das Ergebnis der Analyse fiel nicht besonders überraschend aus. Es stellte sich heraus, dass die Tech-Milliardäre vor allem aus der Kategorie Acht kamen – obere Mittelschicht oder untere Oberschicht. Was erst auf den zweiten Blick ins Auge sticht, ist die Tatsache, dass die Autoren dieses Resultat methodisch geradezu forciert hatten. Schließlich dürfte fast jeder, der in den letzten vierzig Jahren Aktien von großen Tech-Unternehmen besaß und sich nicht außergewöhnlich ungeschickt angestellt hat, sein Vermögen in dieser Zeitspanne signifikant vermehrt haben. Die Kategorie »self-made« fällt also offenbar zusammen mit »in Tech investieren«.

Zugleich scheint eine noch weiter reichende Annahme stillschweigend in die Analyse der *Forbes*-Autoren eingeflossen zu sein: dass die Vermehrung des eigenen Vermögens ab einem bestimmten Grad der Vervielfachung das Gegenteil von Dynastik darstelle, weil dynastisches Vererben nun einmal per se unproduktiv sei, zu Stagnation tendiere. Und dass umgekehrt Vermögen sich nur durch immense Anstrengungen vermehren lasse. Das ist natürlich abstrus. Tatsächlich zeigt das einzige von den Autoren zitierte Beispiel einer Eins auf ihrer Skala – Steve Jobs' Witwe Laurene Powell Jobs –, dass das genaue Gegenteil der Fall ist. Es ist ab einer gewissen Fallhöhe sogar ausgesprochen schwierig, sein Vermögen nicht zu vermehren – das Steuer- und Finanzsystem ist darauf ausgerichtet, das nicht zuzulassen.

Vor allem aber ist natürlich die Annahme, alle über einer Sechs auf der Skala hätten »es wirklich allein geschafft«, an Absurdität kaum zu überbieten. Wenn ein gewisser Ex-Präsident und selbstdeklarierter Milliardär in der Mitte der Skala rangiert, dann ist die Skala offenbar bewusst falsch angesetzt. Womit der blinde Fleck, den man sich gestatten muss, um im Silicon Valley nur neues, junges, disruptives Kapital erkennen zu können, schon klar benannt wäre. Denn die interessantesten Fragen über die Weitergabe von Vermögen stellen sich in den Vereinigten Staaten sicher bei denen, die bei *Forbes* ganz hinten auf der Skala bei Acht rangieren: unter den rund 20 Millionen Millionären, nicht den 600 Milliardären. Den Egalitarismus, den *Forbes* unbedingt entdecken wollte, geben die Tatsachen nicht her.

Solche blinden Flecken gibt es zuhauf in der Berichterstattung und in den populären Narrativen, die das Silicon Valley dem Rest der Welt näherbringen sollen. Es folgt einem geläufigen Erzählmuster, wenn berichtet wird, Meg Whitman, früher CEO bei eBay und Hewlett Packard (und jüngst mit dem Videodienst Quibi gescheitert), sei »a self-made billionaire«, die sich als »Meg«, also unter Verwendung ihres Vornamens (was könnte antidynastischer sein?) um das Gouverneursamt in Kalifornien bewarb. Fügen wir allerdings hinzu, dass Whitman zwei Familien steinreicher und exklusiver »Boston Brahmins« entstammt – aristokratischer können amerikanische Familienstammbäume kaum sein –, bekommt die Geschichte einen deutlich anderen Drall. Megs Sohn trägt übrigens den Namen Griffith Rutherford Harsh V – »Griff,« wie er sich gemeinhin nennt, ist direkter Nachfahre eines Generals aus dem Revolutionskrieg, die römische »V« untertreibt noch.

Statt als Hohelied der Disruption und Diskontinuität kann die Geschichte des Silicon Valley also auch als Familienroman erzählt werden, bei dem es nicht um die Konfrontation zwischen jungen Emporkömmlingen im Kapuzenpullover auf der einen und den angestaubten Institutionen auf der anderen Seite geht, sondern um die Kontinuität im Wandel. Eine Geschichte vom ewigen Zirkulieren von Kapital, von der Ware als »geborenem Leveller und Zyniker«, der immer auf dem Sprung steht, »mit jeder anderen Ware [...] nicht nur die Seele, sondern den Leib zu wechseln«, von der Fähigkeit von Geld also, immer noch mehr Geld anzuziehen. Man denke daran, wie penetrant Aaron Sorkins *Social Network* (2010) Mark Zuckerberg als sozialen Außenseiter, als Parvenü porträtiert. Sein Zuckerberg ist der Nerd, der nicht nach Harvard passt, ständig im Pullover, der sich mit den Winklevoss-Zwillingen anlegt – »Männer Harvards«, ständig in Sakkos, dargestellt von einem gedoppelten Armie Hammer (selber Urenkel des Öltycoons Armand Hammer), dem ererbte Privilegien geradezu aus den Poren zu treten scheinen.

Hammers Porträt ist keineswegs unfair. Die echten Zwillinge wurden in den Hamptons geboren, dem exklusiven Spielplatz der Reichen am Zipfel von Long Island, und wuchsen in Greenwich, Connecticut auf, einer der reichsten Suburbs überhaupt in den USA. Unterprivilegiert waren die beiden also keinesfalls. Aber wie Sorkin seinen Mark Zuckerberg als Kontrastfigur aufbaut, ganz nach den »slobs-versus-snobs«-Klischees, wie es sie in so vielen amerikanischen Campus-Filmen gibt, überrascht dann doch: Er scheint dem Zuschauer den Eindruck vermitteln zu wollen, der schlechtangezogene, fahrige Mark Zuckerberg, der in Westchester County (ungefähr so reich wie Greenwich, aber auf der anderen Seite der Grenze zwischen Connecticut und New York) aufwuchs und die Phillips Exeter Academy besuchte (Schulgeld heute satte 55 000 Dollar), sei nicht nur weniger cool als die Winklevoss-Zwillinge, sondern komme aus einer gänzlich anderen sozialen Schicht. Was Sorkin als altes Geld gegen New Economy interpretiert, war in Wahrheit ein Scharmützel unter Hyperprivilegierten (oder wie *Forbes* sie nennen würde: unter zwei Gründern der Kategorie Acht).

Die Vorstellung, dass Industrie aus dem Nichts Wert schafft, ist eine, die der US-Kapitalismus fast zwanghaft auf neue Segmente der Wirtschaft projiziert. Teil dieser Vorstellung ist der fast kindliche Glaube, neue Eliten wirbelten die alten Systeme von Vermögen und Privileg durcheinander. Die Karten werden neu gemischt, die alten Hierarchien lösen sich auf. Das Versprechen, das in dieser Vorstellung mitschwingt, hat viel mit dem amerikanischen Glauben an Gleichheit, an gleiche Möglichkeiten zu tun. Wenn das Silicon Valley die Mär strickt, handelt es sich häufig um eine äußerst tendenziöse Lesart von Joseph Schumpeters Idee von der »schöpferischen Zerstörung«.

Aber für diese Art Legendenbildung bedurfte es keiner österreichischen Ökonomen – hinter vielen der Legenden der Granden von Silicon Valley steht das Muster der Geschichten Horatio Algers aus dem 19. Jahrhundert. In dessen Kinderbüchern arbeiteten sich arme, ungehobelte, aber gutherzige Jungen – im Normalfall Waisen oder Halbwaisen – in der Gesellschaft nach oben. Die Disruption des dynastischen Elements ist unabdingbarer Garant für die Gerechtigkeit der Gesellschaft, sie belegt die Tatsache (oder die Fantasievorstellung), dass die Karten doch noch ab und zu neu gemischt werden.

Die Disruption des Dynastischen ist auch ein Hauptmerkmal des Modernen. Ob in der bürgerlichen Gesellschaft, die sich von alten Traditionen und ererbten Pfründen freimacht, oder in der künstlerischen Moderne, in der mit tradierten Formen abrupt Schluss sein soll: »Modern« ist, wer Tradition unterbricht. Die Gesellschaft verordnet sich Misstrauen gegenüber Bürgern, die ihr Selbstverständnis von ihrer Abstammung herleiten, sie verehrt Autopoiesis und Bruch. Ihre Eliten sollen ihre Legitimität nicht von ihren Vorfahren herleiten; nein, solche Legitimität will vielmehr immer aufs Neue erarbeitet, neu verdient werden. Aber in Zeiten zunehmender Ungleichheit und vor dem Hintergrund des Spektakels, dass sich eine in ihrer Hohlheit nachgerade parodistische Möchtegern-Dynastie vier Jahre lang an der Spitze der US-Exekutive hält, muss man fragen, ob der Anspruch, nicht dynastisch zu sein, nicht einer Wahnvorstellung gleichkommt. Je stärker diese Spannung in unserer Zeit zutage tritt, desto undynastischer muss das utopische Gegenbild Silicon Valley daherkommen.

Wenn es um die San Francisco Bay Area geht, dann ist die Frage, wo das Geld herkommt, interessant, aber sie ist nicht die interessanteste. In San Francisco werden schon seit der Zeit des ersten Goldrauschs vor fast 170 Jahren Vermögen gemacht. Das benachbarte San José im Süden der Bucht ist mit Silber reich geworden. Zwischen den beiden Städten wurden Generationen reich, indem Land in riesigen *estancias* aus dem Territorium der Muwekma Ohlone gerissen wurde und als Kriegsbeute nach dem Mexikanisch-Amerikanischen Krieg an die neuen Herrscher ging. San Francisco war und ist weiterhin eine Bankenmetropole. Nachdem das Highway-System die ehemaligen Obstplantagen mit den Metropolen verbunden hatte, konnte man mit dem Besitz von etwas Land in der richtigen Suburb steinreich werden. Das US-Verteidigungsministerium investierte lange in die Region in der Hoffnung, High-Tech würde dabei helfen, die Sowjets zu besiegen. Als die Technologieunternehmen der Region begannen, unvorstellbar viel Geld zu scheffeln, war die Region schon über ein Jahrhundert randvoll mit Cash. Die interessantere Frage ist deshalb vielleicht: Wo genau ging das ganze Geld hin?

Erzählt man die Geschichte des Silicon Valley als die Geschichte von Kindern, Enkelkindern oder Urenkelkindern, dann wird daraus unausweichlich eine Geschichte von Geld, das kontinuierlich seine Form verändert: Ein Reedereivermögen verwandelt sich in Immobilienbesitz, in Büroparks, in Bitcoin. Erzählt man die Geschichte auf diese Weise, geht es weniger um Villen mit Blick auf die Mission oder das Presidio, sondern eher um das riesige, palastartige Hochhaus The Summit auf dem altehrwürdigen Russian Hill, wo das älteste alte Geld San Franciscos residiert.

Es gibt direkte Verbindungen zwischen der alten Garde und der neuen. Dede Wilsey zum Beispiel, eine feste Größe in der High Society von San Francisco, kommt von so alteingesessenem Geld, dass sie häufig behauptete, die Seifenoper *Falcon Crest* aus den 1980er Jahren sei ihrem Clan nachempfunden. Ihr Sohn Trevor Traina ist ein Wiederholungstäter, was das Gründen von Start-Ups angeht, und konnte vor allem während des ersten Dotcom-Booms einige Erfolge verzeichnen (erinnern Sie sich noch an CompareNet?). Walter Haas III, jüngster Spross einer milliardenschweren Dynastie, deren Reichtum auf die Gründung von Levi Strauss & Co. zurückgeht, ist ein weiterer Gründer von Start-Ups.

Langsam entstehen in Nordkalifornien neue Dynastien, die verschiedene Ecken des Silicon-Valley-Kosmos zusammenbringen. Laura Arrillaga-Andreessen zum Beispiel ist die Tochter von John Arrillaga, der zu seinen Lebzeiten der größte gewerbliche Vermieter im Silicon Valley und Großmäzen der Stanford University war; sie ist verheiratet mit Marc Andreessen, einst Chef von Netscape und Partner im Venture-Capital-Fonds Andreessen Horowitz. Aber auch abseits der offensichtlich dynastischen Allianzen, die an der Sand Hill Road in Palo Alto geschmiedet werden, sind die Familie, ihre Privilegien und ihr Geld die Gespenster, die umgehen im Silicon Valley, gerade wenn sich Kapital scheinbar übernatürlich schnell vermehrt.

Denn Familienvermögen haben im dort bevorzugten Finanzierungsmodell schon immer eine Rolle gespielt. Von außen erscheint das Silicon Valley wie ein ziemlich mysteriöser Motor für Wertschöpfung. Im Mittelpunkt dieser geheimnisvollen Maschine steht »venture capital«, Risikokapital, das aus aller Welt in die Region strebt. Die einzelnen Segmente, aus denen sich die Geldpipeline des Risikokapitals zusammensetzt, sind nicht alle gleichermaßen leicht öffentlich einzusehen – je später im Finanzierungsprozess, desto transparenter wird es in der Regel. Und wo das Mysterium am mysteriösesten ist, die Pipeline am undurchsichtigsten, ist am Ende die Wahrscheinlichkeit groß, dass hinter allem wieder Familienkapital steckt.

Als General William Henry Draper Jr., ehemaliger US-Botschafter bei der NATO, 1959 nach Kalifornien kam, gründete er mit Draper, Gaither & Anderson die erste Risikokapitalgesellschaft an der Westküste. Draper übernahm für den Fonds das bewährte Investitionsmodell, mit dessen Hilfe zuvor schon überreiche Großindustrielle der Ostküste wie die Vanderbilts, die Whitneys oder die Carnegies ihr Vermögen erfolgreich vervielfacht hatten (wobei das Kapital zunehmend aus der produzierenden Wirtschaft abfloss, um stattdessen in Finanzgeschäfte investiert zu werden).

Genau diese Familien waren auch Drapers erste Kunden. Dazu zählten außerdem die Familie Rockefeller und die Hellmans, Gründer der Wells Fargo Bank mit Sitz in San Francisco. Stanfords damaliger Provost Frederick Terman überzeugte Draper, Gaither & Anderson, das Hauptbüro der Firma in der Welch Road 851 einzurichten, direkt neben dem Campus der Universität. Die Historikerin Leslie Berlin hat auf die klaren Marschbefehle hingewiesen, die DG&A von den Rockefellers erhielt: keine Immobilien bitte.

Vielmehr ging es darum, alteingesessenes Rockefeller-Geld mit neuartiger Hochtechnologie zu verbinden.

Mit der Zeit nahmen die Draper'schen Risikoinvestitionen ihrerseits dynastische Züge an. Der Sohn von William Henry Draper Jr., William Henry Draper III, war Mitbegründer von Sutter Hill Ventures, einer legendären Private-Equity-Firma mit Sitz in Palo Alto. Sein Enkel Tim Draper ist heute vor allem dafür bekannt, dass er ständig versucht, den Golden State in eine Reihe kleinerer Staaten aufzuteilen, die es Kaliforniern ermöglichen sollen, sich nach ihrem idealen Kalifornien umzusehen wie Autokäufer. Bevor er Spezialist für Staatsteilungen wurde, investierte Tim Draper mit der von ihm gegründeten Risikokapitalgesellschaft Draper Fisher Jurvetson schon früh in das chinesische Unternehmen Baidu, in Tesla und, vielleicht weniger glücklich, in Elizabeth Holmes' betrügerisches Biotech-Start-Up Theranos. Tims Tochter Jesse, die als Schauspielerin im Kinderfernsehen anfing, leitet mittlerweile ihren eigenen Risikofonds, Halogen Ventures, der in von Frauen gegründete Unternehmen investiert.

Dynastien wie die Drapers sind im Silicon Valley vielleicht nicht die Norm, aber doch keine Seltenheit. Es ist sicherlich auch kein Zufall, dass jede Generation der Drapers ihre eigenen Fonds auflegte: Auch Fonds haben ihre Lebenszyklen; sie leben, reüssieren und werden aufgelöst, nach der Logik einer jeden Generation. Das Geld allerdings, das die Drapers einsammeln, folgt nicht dieser Logik der Generationenfolge. Es ist gut möglich, dass sich jeweils dieselben Familien und Fonds bei den sukzessiven Unternehmen des Draper-Clans beteiligen.

Das Familiengeld prägt die Unternehmen des Silicon Valley, auch wenn dies weniger offensichtlich ist als die spektakulären Wetten berühmter Investoren. Das liegt daran, dass diese Wetten gemeinhin erst danach kommen. Das Kapital der Familie kommt ins Spiel, bevor jemand berühmt wird. Venture-Capital-Unternehmen raten aufstrebenden Start-Up-Gründern, Geld mit einer »friends and family«-Runde zu sammeln, bevor sie sich an sogenannte Angel-Investoren außerhalb ihrer Kreise wenden. Die Bezeichnung »Freunde und Familie« ist absolut wörtlich gemeint, die Investitionen sind völlig privat, es handelt sich oft um kleine Summen, und diese hinterlassen nur sehr wenige Spuren, es sei denn, jemand klagt (und es gibt eine ganze Industrie im Silicon Valley, die dafür sorgt, dass niemand das tut). Ohne Veruntreuung in den Dimensionen wie bei dem Biotech-Startup Theranos erfahren Außenstehende nie, ob nicht womöglich die Eltern eines Gründers, die beide zufällig für Goldman Sachs arbeiteten, die notwendigen 200 000 Dollar investiert haben, um dem Junior dabei zu helfen, sein Geschäft auf den Weg zu bringen.

Die Familie steht im Funding-Prozess aber auch in den nächsten »Runden« geisterhaft Pate. Angel-Investoren und Risikokapitalfonds investieren zwar vor allem Geld von Stiftungen, Pensionsfonds, Versicherungsgesellschaften und dergleichen, aber eine wichtige Quelle sind »family offices«. »Family offices« ist die tiefstapelnde Bezeichnung für Investmentfonds, die für eine oder manchmal eine Handvoll immens wohlhabender Familien verwaltet werden. Wie der Historiker Tom Nicholas in *VC – An American History* (2019) erklärt, ergab sich die Struktur moderner Risikokapitalinvestition in den 1920er Jahren aus der Notwendigkeit, die Investitionsvehikel der überreichen Clans zu formalisieren. Was nicht mehr nur per familiärer *omertà* gelöst werden konnte, übernahmen jetzt smarte Rechtsanwälte und Finanzjongleure.

Laut einem Bericht der *Financial Times* vom April 2021 gibt es weltweit über 7000 »family offices« (ein Anstieg von sagenhaften 40 Prozent zwischen 2017 und 2019), die ein Vermögen von rund sechs Billionen Dollar verwalten. Seit der Finanzkrise 2008 zeigt die Trendlinie nur noch nach oben. Und wie *Crunchbase* 2018 berichtete, scheinen »family offices« zunehmend daran interessiert zu sein, direkt in Start-Ups zu investieren. Sie wollen weg von der Beteiligung an Risikokapitalfonds und dieselben Geschäfte lieber unter eigener Flagge tätigen. Ein Grund, warum diese Entwicklung auch in den USA nicht wirklich ins Auge sticht, ist der Punkt im Lebenszyklus eines Unternehmens, an dem die »family offices« aktiv werden. Ein Bericht der Silicon Valley Bank aus dem Jahr 2020 legt nahe, dass über 90 Prozent der »family offices« es vorziehen, sich in den frühen Phasen der Risikoinvestition (der *seed round* oder Series A) zu engagieren.

Im Silicon Valley wurden viele »family offices« gegründet, um das fabelhafte Vermögen der Tech-Milliardäre selbst zu verwalten (zum Beispiel das Omidyar Network, das Investitionen im Auftrag der Familie des eBay-Gründers Pierre Omidyar verwaltet) – also relativ junges Geld. Bei anderen »family offices« hingegen ist das investierte Geld für kalifornische Verhältnisse geradezu uralt. Das der Rockefellers namens Venrock war ein entscheidender früher Investor sowohl bei Intel als auch bei Apple Computers. Die Familie Bechtel, die ein Vermögen in der Baubranche verdient hat und deren Wurzeln bis zum Bau der Western Pacific Railroad in den 1860er Jahren zurückreichen, wurde bereits 1889 in San Francisco amtlich als Aktiengesellschaft eingetragen. Die Familie ist so alt, wie eine weiße Familie es in San Francisco nur sein kann – Mitglieder im exklusiven und mysteriösen Bohemian Club, Generationen von Stanford-Abgängern etc. pp. (Nur ganz nebenbei bemerkt schreibe ich diesen Aufsatz direkt neben einem Gebäude auf dem Stanford-Campus, das den Namen der Familie Bechtel trägt.)

Ihr »family office«, The Fremont Group, wurde einst von George P. Shultz geleitet, seines Zeichens ehemaliger US-Außenminister und festes Inventar der High Society San Franciscos. Über Trinity Ventures, das 1986 gegründet wurde, investierten die Bechtels auch direkt in Unternehmen wie Extreme Network und den Lieferdienst Zulily.

Ein Partner eines Venture-Capital-Fonds berichtete mir im Interview, dass sich solche Firmen seiner Erfahrung nach an »family offices« wenden, wenn sie noch in den Kinderschuhen stecken. So groß die Kassen der Familien auch sein mögen, der Kapitalzufluss, der beispielsweise durch eine Pensionskasse oder eine Universitätsstiftung repräsentiert wird, ist einerseits ungleich größer und andererseits auch verlässlicher. Er hat es zwar so nicht gesagt, aber es klang fast, als halte man Pensionsfonds auch für professioneller. »Family offices« erhalten im Allgemeinen also keinen Zugang zu den Investitionsmöglichkeiten, die zum Beispiel einer großen Universitätsstiftung offenstehen. Die einzige Möglichkeit für »family offices«, in einem tollen neuen Fonds mitspielen zu können, besteht also darin, in Fonds des Unternehmens investiert zu haben, als es noch am Anfang stand; oder eben in frühere Fonds desselben Unternehmens investiert zu haben. Familienkapital kommt also bevorzugt früh im Prozess der Fondsbildung ins Spiel.

Mit der »friends and family«-Runde, der Rolle des »family office« bei der Fondsgründung und der Vorliebe der Offices für Investitionen in der Frühphase ist die Familie der ultimative Starthelfer des Silicon Valley. Wenn man weiterhin bedenkt, dass die »friends and family rounds« in der Regel äußerst informell sind und dass »family offices« kaum von den Finanzaufsichtsbehörden FDIC und der SEC reguliert werden, dann wird man den Eindruck nicht los, das System sei, ob bewusst oder per Zufall, perfekt darauf ausgelegt, Familienvermögen mit dem Nimbus des offenen, freien Marktes zu versehen.

Nur wenn Dinge ernsthaft schiefgehen, dringt von der inneren Logik dieser Geldflüsse auch einmal etwas nach außen: wenn Unternehmen zusammenbrechen, wenn Menschen ins Gefängnis gehen, wenn sehr wohlhabende Menschen sich gegenseitig verklagen. Als Theranos zusammenbrach, wurde ziemlich klar, dass wohlhabende Familien – von den Waltons (Besitzer von Walmart) über die Familie DeVos (die den Netzwerk-Marketing-Riesen Amway betreibt) bis hin zu, wie könnte es anders sein, den Drapers – die Hauptunterstützer von Theranos gewesen waren. Andere Theranos-Investoren wie George Shultz waren zwar selbst nicht megareich, aber fester Bestandteil der Family-Office-Welt. Überhaupt scheint nur sehr wenig von den von Elizabeth Holmes pulverisierten Milliarden so an das Biotech-Start-up gelangt zu sein, wie sonst Tech-Start-ups an ihre Investitionen kommen –

keine Pensionen, keine Institutionen usw. Das dürfte ein Grund dafür gewesen sein, dass Holmes so lange mit ihren Täuschungen davonkommen konnte: Es blieb zwar nicht alles in der Familie, aber es verließ auch nie wirklich die *oikoi* einiger alteingesessener Clans.

Wenn familiäres Kapital im Silicon Valley eigentlich überall ist, aber auch seltsam unauffindbar sein kann, so gibt es doch einen Destillierkolben, in dem von außen gut sichtbar Kapital, das im Silicon Valley geschöpft wird, an die nächste Generation und die Generationen danach weitergegeben werden kann: Immobilien. Die Bundeserbschaftssteuerbefreiung beträgt 2021 in den USA 11,7 Millionen US-Dollar, aber wenn man »nur« zwei oder drei Gebäude in den richtigen Zustellbezirken in der Bay Area besitzt, hinterlässt man immerhin eine Spur in den Karteikästen der Steuerbehörde, zumindest nach dem Tod. Die Beamten des Internal Revenue Service (IRS) haben somit eine Art Logenplatz inne, von dem aus sie beobachten können, wie das Silicon Valley sein dynastisches Projekt vorantreibt. Bisher, so sagen diese Beamten, taucht der Tech-Reichtum kaum in den Nachlasssteuererklärungen auf. Wie mir ein Beamter im Interview sagte, beobachten seine Kollegen in den meisten Fällen in der Bay Area, dass der Reichtum, den sie besteuern, vor allem »durch den Kauf von Immobilien oder durch Erbschaft verdient wird«. Seine »Kunden« sind noch nicht die prototypischen Tech-Investoren: »Einige versuchen sich vielleicht an High-Tech-Investitionen, aber erst, nachdem sie auf andere Weise Geld verdient haben.«

Das hat zum Teil damit zu tun, dass die meisten Techies noch jung sind. Aber es hat sicher auch damit zu tun, dass der Reichtum, der von einer Generation zur nächsten wandert, normalerweise sowieso nicht in Aktien vorliegt oder zumindest nicht in Aktien, die noch nachweislich einem Individuum gehören. Die Beamten des IRS sehen allerdings durchaus Geld aus Technologieinvestitionen, und zwar in den Steuererklärungen zur Schenkungssteuer, die von demselben Büro bearbeitet werden. Techies, sagt der IRS-Beamte, »sind jung und wohlhabend und hören von den Anwälten in der Gegend, wie früh man anfangen muss, sein Geld an die nächste Generation zu verschenken«. Das bedeutet, dass sich die fabelhaft bewerteten Aktien wahrscheinlich in etwas anderes verwandeln – unter anderem in Immobilien.

Seitdem sich die Hochtechnologie zwischen San Francisco und San José ansiedelte, haben Immobilien wahrscheinlich Aktien an kontinuierlicher Wertsteigerung übertroffen. Das Silicon Valley als Ansammlung von Unternehmen hat Booms erlebt und auch jede Menge Crashes. Als Standort allerdings scheint der Abschnitt der Halbinsel von San Francisco zwischen

Burlingame und Sunnyvale nur einen Modus gekannt zu haben: einen endlosen Boom. Die Teilhabe an diesem Boom war allerdings vergleichsweise eng gestreut: Den Kauf von Facebook- oder Tesla-Aktien können sich viele nicht leisten, aber immer noch deutlich eher als den von Immobilien in Mountain View. Immer astronomischere Immobilienpreise sind nach wie vor das größte Depot für dynastischen Reichtum in der Region – und umgekehrt Hauptgrund für generationsübergreifende Verelendung.

Noch bevor ein einziges Halbleiterunternehmen hier einzog, machte das Casino kalifornischen Immobilienbesitzes einige Familien sehr reich und sorgte dafür, dass andere nie die Möglichkeit erhielten, mitzuspielen. Wie der Historiker Stephen Pitti erklärt, war das Santa Clara County, das die Südhälfte des Silicon Valley beheimatet, früh bestrebt, neue und mehr Einwohner in das Gebiet zu locken, in dem der Bergbau weitgehend der Landwirtschaft gewichen war. Sie befürchteten allerdings, dass nicht genug Weiße in der Gegend bleiben würden und möglicherweise »zu viele« Asiaten und Latinos kommen und bleiben würden. Daher wurden weißen Amerikanern und Einwanderern aus Europa (Italienern, Spaniern, Portugiesen) kleine landwirtschaftliche Flächen zu Vorzugspreisen zugänglich gemacht, während mexikanische Amerikaner bewusst in die Rolle »als natürlich mobile Niedriglohnarbeitskräfte« gedrängt wurden.

Mit jeder nachfolgenden Generation hatten die Besitzer dieser kleinen Parzellen die Möglichkeit, immer größere Mengen an Reichtum zu generieren. Die gut dokumentierte Explosion der Immobilienwerte in der Region ist fast ausschließlich auf eine Explosion des Grundstückswerts zurückzuführen. Die Ungleichheit, die durch die fast feudale Landverteilung in Santa Clara County gefördert wurde, hat zu den eskalierenden Unterschieden zwischen Arm und Reich in der Region geführt.

Fast jeder Firmen-Campus im Valley hat eine Geschichte wie das neue Raumschiff, das Apple am Infinite Loop in Cupertino als Firmenzentrale errichtete. Das Areal gehörte lange zur Glendenning Farm, die Mitte des letzten Jahrhunderts stückweise an Entwickler verkauft wurde, bis Hewlett Packard seinen Hauptsitz hierher verlegte (aufgrund der alten Farm lange als »Aprikosenabteilung« bezeichnet) und es schließlich an Apple verkaufte. Einige der lokalen Landbesitzer scheinen bei dem Handel regelrecht übers Ohr gehauen worden zu sein, aber die schnelle Entwicklung hat vielen auch massiven Reichtum beschert. Richard Peery und John Arrillaga kauften riesige Landstriche auf und wurden zwei der größten gewerblichen Grundbesitzer im Valley. Justin Jacobs Jr. perfektionierte die billigen, austauschbaren Betongebäude, die immer noch einen Großteil der flachen Büroparks im Silicon Valley ausmachen.

Auf den ersten Blick eine Ausnahme, auf den zweiten zutiefst charakteristisch für die intergenerationellen Kapitalströme der Region ist die Entwicklung des Areals, das einst zu dem großen Anwesen von Leland und Jane Stanford gehörte. Leland Stanford hatte als Eisenbahnbaron immensen Reichtum angehäuft, sein Landbesitz bei Palo Alto war eine Art Sommerresidenz. Heute befindet sich auf diesem Areal die Stanford University: zynisch gesprochen ein steuerbefreiter Investmentfonds mit angegliederter Universität und immer noch der mit Abstand größte Landbesitzer in Silicon Valley.

Oberflächlich betrachtet scheint diese Transformation ungewöhnlich, aber wenn man sie unter den Gesichtspunkten intergenerationeller Vermögenstransfers betrachtet, könnte sie repräsentativer kaum sein. Die Gründung der Universität repräsentiert genau genommen ein frustriertes dynastisches Projekt, den Mann'schen »Verfall einer Familie«. Benannt ist Stanford nach dem Sohn von Leland und Jane, Leland Jr., der ein Jahr vor der Gründung der Universität starb. Sie beherbergt noch heute seine Grabstätte und ist dem vollen Namen nach seinem Andenken gewidmet. Entkörpert und als steuerbefreite Einheit wiederhergestellt, unteilbar durch die Launen von Familienzänkereien und immun gegen die Dekadenz, die tatsächliche Generationen von Stanfords getroffen haben könnte, hat Leland Stanford Jr. die Gegend effektiver beherrscht, als jede Dynastie aus Fleisch und Blut es je gekonnt hätte.

Und das scheint den glücklosen Leland Stanford Jr. zu einer Art Galionsfigur für eine Gegend zu machen, in der Reichtum eine enorme Trägheit hat und sich dennoch ständig verändert und neu erfindet. Es gibt eine Passage in einer alten Stand-up-Routine von Chris Rock, in der der Comedian zwischen »reichen« Menschen und »wohlhabenden« unterscheidet. »Reich«, so scherzt Rock, »ist ja nur Zeug, das man mit einem verrückten Sommer und einem Drogenproblem wieder loswerden kann.« »Wohlstand wirst du nicht wieder los.« Quer durch seine vielen Transformationen – von Edelmetallen über Land und Halbleiter bis hin zu Apps zum Teilen von Katzenfotos – scheint das Geld Silicon Valleys entschlossen zu sein, Rock Recht zu geben.

Aktuelle Prämien beim Abschluss eines Jahresabos

Raphaela Edelbauer
Dave

Marko Martin
Die letzten Tage von Hongkong

David Graeber, David Wengrow
Anfänge

Ich abonniere die Zeitschrift *MERKUR* als

O **Jahresabonnement Print* mit Buchprämie! 12 Ausgaben ab Heft _____**
für 140 € / 162 CHF; Vorzugspreis 96 € / 114 CHF für Studierende, Nachweis mit Bescheinigung; zzgl. Versand 19,80 € (D) / 48,00 sFr (CH) / 28,60 € (EU) / 43,20 € (übriges Ausland).
O **+ Digital-Zusatz-Abonnement Freier Zugang zum Online-Archiv**
für nur 20 € / 28 CHF im Jahr (nur für Privatkunden zum Prämienabo Print).

O **Jahresabonnement Digital* mit Buchprämie!** Alle Ausgaben + Online-Archiv
für 140 € / 162 CHF; Vorzugspreis 48 € / 52,80 sFr für Studierende, wiss. Mitarb. u. Postdocs, kein Prämienversand, Nachweis mit Bescheinigung; Privatkundenpreis.

O **Probeabonnement Print** 3 Ausgaben ab der**
O **aktuellen Ausgabe oder** O **nächsten Ausgabe**
für 19,80 € / 21,30 CHF, zzgl. 5,10 € (D) / 8,40 € (EU) / 12 sFr (CH) / 11,40 € (übriges Ausland)

O **Probeabonnement Digital** 3 Ausgaben ab der**
O **aktuellen Ausgabe oder** O **nächsten Ausgabe**
für 9,90 € / 12 CHF.

Als Buchprämie wähle i
O **Raphaela Edelbauer**
O **Marko Martin**
O **David Graeber**
Zusendung nach Zahlungsein

* Das Jahresabonnement verlängert sich automatisch um ein weiteres Jahr, sofern es nicht bis spätestens 4 Wochen vor Ende des Bezugszeitraums gekündigt wird.
** Das Probeabo geht automatisch in ein Jahresabonnement über, sofern ich nicht nach Erhalt der dritten Ausgabe schriftlich kündige, per Mail an klett-cotta@cover-services.de oder per Post an Leserservice Verlag Klett-Cotta, Postfach 13 63, 82034 Deisenhofen.

Ich bin damit einverstanden, dass meine Daten zu schriftlichen Beratungs- und Informationszwecken (Werbung) über Produkte des Verlags gespeichert, verarbeitet und genutzt werden. [Sind Sie nicht einverstanden, streichen Sie diese Klausel. Ihre Einwilligung können Sie jederzeit gegenüber Klett-Cotta widerrufen. Unsere Datenschutzerklärung finden Sie unter: www.klett-cotta.de/datenschutz.]
Alle Preise inklusive MwSt. (Drittländer exklusive MwSt.). Preise freibleibend. Stand 2021. Diese Bestellung kann innerhalb 14 Tagen ab Bestelldatum mit einer schriftlichen Mitteilung an den Verlag widerrufen werden.

____
Datum, Unterschrift

Joel Stein

Miami: Die aufregendste Stadt der USA

Als Miami das letzte Mal relevant war, war die Stadt nicht weiter wichtig. In den achtziger Jahren hatte sie nicht mehr zu bieten als Drogen, Clubs, pastellfarbene Blazer, Jai-Alai-Zockerei und mit *Miami Vice* vor allem eine sehr erfolgreiche Fernsehserie über all diese Dinge. Doch jetzt ist Miami die wichtigste Stadt in Amerika. Nicht etwa weil es aufgehört hätte, eine frivole, regelfreie Steueroase zu sein, die fest in der Hand heißer Internet-Berühmtheiten ist und wegen des Klimawandels im Meer versinkt. Sie wurde zur wichtigsten Stadt Amerikas, weil die Vereinigten Staaten zu einem frivolen, regelfreien Steuerparadies geworden sind, in dem Mikro-Prominente das Sagen haben und man vor dem Klimawandel kapituliert.

Alle paar Monate stößt Miami das Overton-Fenster ein Stückchen weiter auf und verleiht dem Meinungskorridor einen Blick aufs offene Meer. Noch im März 2021 wurde die Stadt verspottet, als die American Airlines Arena, die Heimat der NBA-Basketballmannschaft Miami Heat, in FTX Arena umbenannt wurde – nach einer erst zwei Jahre alten Internetbörse für Kryptowährungen. Aber schon im Dezember wurde dann auch das Staples Center der Los Angeles Lakers auf den Namen Crypto.com-Arena getauft. Als Miami auf seine massiven Klimaprobleme mit der Ernennung eines »Chief Heat Officer« reagierte, wirkte dies wie ein dystopischer Scherz. Dann stellten Phoenix und Los Angeles ebenfalls Hitzebeauftragte ein. Man fand es einigermaßen lächerlich, als Miami eine Kryptowährung namens MiamiCoin ins Leben rief, aber kurz darauf kündigten New York City und Austin ihre eigenen an. Nachdem Francis Suarez, der Bürgermeister von Miami, erklärt hatte, er würde sein Gehalt von nun an in Bitcoin beziehen, twitterte der neue New Yorker Bürgermeister Eric Adams: »Ich werde mir meine ersten drei Gehaltsschecks in Bitcoin ausstellen lassen.«

Die Miami-Bewegung – Suarez möchte, dass ich »Miami Movement« schreibe, weil er fürchtet, ich könne die Bewegung zu einem »Miami Moment« herabsetzen – hatte sich schon seit einiger Zeit angedeutet, aber mit Ausbruch der Pandemie kam sie richtig in Fahrt. Die Leute arbeiteten im Homeoffice, und zu Hause war es kalt. Und zugerümpelt. Und die Restaurants waren alle zu. Miami schien ein guter Ort zu sein, um dem Alltag für ein paar Tage zu entfliehen. Und den Urlaub zu verlängern. Und nie zurückzukehren.

Wenn man in der Vergangenheit an der Landkarte der USA rüttelte, fanden sich früher oder später alle losen Teile auf der Halbinsel von Florida ein: die frisch Geschiedenen, die Zahlungsunfähigen, die Langzeitarbeitslosen, die Betrüger, die ehemaligen und die zukünftigen Straftäter. Doch während der Pandemie wurde auch Otto Normalverbraucher zu einem losen Teil, abgeschnitten von seinem Büro, seiner Familie, seinen Freunden, seinem Umfeld. In den zwölf Monaten seit dem 1. Juli 2020 zogen weit mehr Amerikaner nach Florida als in jeden anderen Bundesstaat – 220 890 Menschen, um genau zu sein. Und Migrationsbewegungen können Orte verändern, das zeigte sich in Kalifornien nach der Zeit des Dust Bowl oder im Mittleren Westen nach der großen afroamerikanischen Migration. Aber nach Miami zieht es nicht nur Menschen. Es ist auch eine Migration des Gelds. Der Milliardär Carl Icahn hat sein Hedgefonds-Büro von New York hierher verlegt. Bereits 2020 verkaufte die Jills Zeder Group Häuser im Wert von mehr als 1,2 Milliarden Dollar, mehr als jede andere große Immobilienagentur. Im Jahr 2021 hat die Firma Verträge über mehr als 2 Milliarden Dollar abgeschlossen.

»Die Leute kommen hierher, um Karriere zu machen, das ist noch nie vorgekommen«, sagt der Autor Dave Barry, der 1983 nach Miami zog. »Ich habe das Gefühl, zum ersten Mal kommen Menschen nicht aus rein korrupten und eigennützigen Gründen, sondern um etwas aufzubauen.« Barry und ich essen die besten Croquetas, die ich je gegessen habe, im Glass and Vine, einem Restaurant im Peacock Park in Coconut Grove, einem Nobelviertel mit vielen Boutiquen. Als Barry das letzte Mal hier essen war, bemerkte er eine ihm unvertraute Gruppe von Menschen zwischen den üblichen Tischen mit Touristen, Bankern und Anwälten. »Ich weiß nicht«, spöttelt er, »ob sich all die Tech-Bros schon darüber Gedanken machen, was sie tun werden, wenn der erste große Hurrikan kommt und sie sich bei Home Depot anstellen müssen, um Sperrholz zu kaufen und dann zu gucken, was sie mit dem Sperrholz überhaupt anfangen.«

Ich bin nach Miami gekommen, um mir die Zukunft Amerikas anzusehen. Wenn die amerikanische Gesellschaft ein freudsches Es hat, dann ist es in den letzten hundert Jahren von New York über Los Angeles nach Las Vegas gezogen und hat sich jetzt hier niedergelassen. Ich wollte sehen, wonach diesem Es jetzt der Sinn steht – zumal es sich um ein Land handelt, in dem es kaum noch ein Ego oder Über-Ich gibt. Wie viel verrückter, wollte ich wissen, wird es eigentlich noch? Befinden wir uns auf einer Expedition, die scheitern muss, oder sind wir auf dem Weg in ein dezentralisiertes Wunderland der Freiheit?

An einem Donnerstagmorgen im Dezember nehme ich eine Fähre nach Fisher Island, um die Immobilienmaklerin Jill Eber zu treffen, eine der beiden Jills von der Jills Zeder Group. Sie holt mich in ihrem türkisfarbenen Golf-Cart ab, dem bevorzugten Transportmittel auf dieser nur knapp 70 Hektar großen Insel mit Golfplätzen, Restaurants, Apartmenthäusern, einem Fitness-Studio und einer Schule, also alles in allem einer Ortschaft, die sich in nichts von einem All-inclusive-Resort unterscheidet. Laut Bloomberg handelte es sich im letzten Jahr um die mit einem jährlichen Durchschnittseinkommen von 2,2 Millionen Dollar wohlhabendste Postleitzahl Amerikas.

Eber ist eine zierliche Frau und sieht dermaßen nach einer Immobilienmaklerin aus Miami aus, dass ich nur staunen kann. Sie trägt ein Oberteil von Alexander McQueen, eine Sonnenbrille von Tom Ford, einen Hut mit großer Krempe und unmöglich hohe Absätze. Sie ist seit langem auf der Insel ansässig und plaudert im Restaurant des Privatclubs mit den Polohemden und Sonnenbrillen, während sie mich strammen Schrittes von einer Wohnung in die nächste führt, die für 5 Millionen, 7 Millionen oder 12 Millionen Dollar verkauft werden. In der Vergangenheit waren dies Winterresidenzen, viele davon im Besitz von Lateinamerikanern oder Russen. »Es gibt mehr Käufer aus Kalifornien als je zuvor«, sagt sie später, als wir an der Baustelle einer neuen Eigentumswohnung vorbeifahren, die am Fährterminal gebaut wird. »Wir sehen viel mehr Interessenten aus der Technologiebranche. Sie nennen es die Wall Street des Südens.«

Ich fahre auf das Festland zurück und treffe mich mit der anderen Jill zu unserem lange geplanten Termin zur Besichtigung eines Hauses, das auf den Venetian Islands zum Verkauf steht, einer Gruppe von sechs winzigen künstlichen Inseln vor dem langen Damm, der Miami mit Miami Beach verbindet. Maler und Bauarbeiter sind dabei, die Renovierung dieses 481 Quadratmeter großen Hauses in einem vorstädtisch anmutenden Block mit Blick auf die Biscayne Bay abzuschließen. Um den klimawandelbedingten Anstieg der Gezeiten zu kompensieren, wurde das Haus um fünf Meter über den Meeresspiegel angehoben und der darunterliegende Raum in ein Wohnzimmer, eine Küche und ein Esszimmer im Freien verwandelt, die direkt am Wasser liegen. Das Dach wurde mit Hurrikan-Gurten befestigt, um es stabil zu halten. In der Stadt der Freiheit kann man in einer MiaCucina-Küche mit Arbeitsflächen aus Statuario-Marmor durch bodentiefe Fenster Ebbe und Flut beobachten.

Ein Bericht der Union of Concerned Scientists aus dem Jahr 2018 schätzt, dass 94 Prozent von Miami Beach bis zum Jahr 2100 unter Wasser stehen werden. Da Miami auf porösem Kalkstein liegt, dringt das Meer schon jetzt regelmäßig bis auf die Straßen vor. Außenküchen auf Meeresspiegelniveau mögen zweckdienlich sein; die weniger ausgefallenen Lösungen kommen auf der Jahrestagung der Miami Climate Alliance auf den Tisch, die in Naomi's Garden Restaurant and Lounge tagt, einem haitianischen Restaurant, in dem draußen Hühner um die Stühle spazieren. Die Mitglieder tragen Namensschilder, auf denen steht, wie viele Meter über dem Meeresspiegel sie leben. Das Treffen beginnt mit einem Aufruf, »unsere Herzen für den Moment zu öffnen«, einigen Gedichten und einer Schweigeminute zu Ehren der Ureinwohner, die einst hier lebten.

Jane Gilbert sitzt in Sandalen und Leinenhose auf einem Klappstuhl. Sie hat langes aschblondes Haar. Seit Juni ist sie Chief Heat Officer im Bezirk Miami-Dade. Sie ist zuversichtlich, was die anderen Anpassungen der Stadt angeht: die Pumpen, die an den Straßen angebracht werden, die Rückflussventile, die Hinwendung zu Nachverdichtung und Abkehr von Klärgruben. Sie glaubt, dass diese Veränderungen die »rain bombs« bewältigen können – so nennen die Einwohner von Miami die in den letzten Jahren immer häufiger auftretenden heftigen Regengüsse. Das stoßfeste Glas, das seit dem Hurrikan Andrew 1992 vorgeschrieben ist, schützt die Gebäude weitgehend vor extremen Winden. Die Stadt konzentriert sich so sehr darauf, Wege zur Anpassung an den Klimawandel zu finden, dass das Aspen Ideas Festival sein neuartiges Konferenzformat »Aspen Ideas: Climate« im Mai 2022 in Miami Beach abhält.

Gilbert ist zuversichtlich, dass die Stadt einen Anstieg des Meeresspiegels um zweieinhalb Meter überleben kann, wenn sie genug Geld ausgibt. Miami, sagt sie, trifft massivere Vorkehrungen als New Orleans, Charleston oder Norfolk. Auf meine Frage, ob es Miami in dreißig Jahren noch geben wird, sagt sie, dass die Antwort immer von ihrer Stimmung abhänge. Heute ist sie optimistisch. Sie schätzt die Chancen auf fünfzig zu fünfzig.

Jemanden dazu zu bringen, 25 Millionen Dollar in etwas zu investieren, das mit einer fünfzigprozentigen Wahrscheinlichkeit in dreißig Jahren verschwunden sein wird, klingt nach einer echten Herausforderung. Anscheinend ist es das aber nicht. In einem Kleid von Carolina Herrera kommt Jill Hertzberg die Treppe des fast renovierten Hauses auf den Venetian Islands herunter und erzählt mir, dass es soeben für 25 Millionen Dollar verkauft worden sei. An einen Typen aus Kalifornien. »Gekommen ist sein Freund. Der Käufer hat es sich nur über FaceTime angeschaut. Er hat es nie physisch gesehen.«

Jack Abraham ist der Patient Null der Migration nach Miami. Im Juni 2020 hielt sich der damals vierunddreißigjährige Risikokapitalgeber und Unternehmer aus dem Silicon Valley in San Francisco auf. Seine New Yorker Freunde luden ihn zu einem einwöchigen Urlaub in Miami ein, wo das Wetter gut und die Restaurants geöffnet waren. Er lehnte ab, weil er Angst vor einer Covid-Infektion hatte. Sie drängten ihn weiter, und aus Langeweile und Einsamkeit gab er nach. Wenige Tage nach seiner Ankunft in Miami steckte er sich mit dem Virus an. Seine Kumpel fühlten sich schuldig und blieben bei ihm, während er einen Covid-Test nach dem anderen machte, die alle positiv ausfielen. Da er ohne negativen Test nicht zurückfliegen konnte, gondelte er zwischen verschiedenen Airbnb-Häusern hin und her und kam dabei in Stadtteile, von deren Existenz er gar nichts gewusst hatte. Als er nach anderthalb Monaten endlich im Begriff war, nach Hause zurückzukehren, beschloss er stattdessen, einfach zu bleiben.

»Hätten Sie mich Anfang 2020 gefragt: ›Wie hoch ist die Wahrscheinlichkeit, dass du nach Florida ziehst?‹, hätte ich Ihnen eine glatte Null gegeben«, sagt Abraham. Er sitzt mit Don-Johnson-Frisur in seinem Büro in Wynwood, dem Künstlerviertel von Miami, in dem die Wände mit ständig wechselnder Street Art besprüht sind, was es zu einer Attraktion für fotowütige Instagrammer macht. Der Hype um das Viertel brach los, als die Art Basel 2002 einen Außenposten in Miami Beach eröffnete. Die diesjährige Schweizer Kunstmesse bekam den Spitznamen »Tech Basel«, weil sie sich, ähnlich wie das Musikfestival South by Southwest in Austin, in eine Reihe von Tech-Panels verwandelt hat.

Fast zwanzig von Abrahams mächtigen Freunden haben ihn inzwischen in seinem Haus auf den Venetian Islands besucht. »Wenn man sich Miami als Produkt vorstellt, ist die Konversion extrem hoch«, sagt er und schätzt, dass bis zu siebzig Prozent seiner Gäste ihren Aufenthalt verlängerten und dann her zogen. Und jeder brachte wiederum Freunde mit. Und diese dann weitere. Abraham ist nicht des Geldes oder der Sicherheit wegen hierher gezogen. Dass es in Florida keine eigens vom Bundesstaat erhobene Einkommensteuer gibt, anders als in Kalifornien, wo der Spitzensteuersatz 13,3 Prozent beträgt, sei nicht ausschlaggebend gewesen. Ebenso wenig die niedrige Kriminalitätsrate oder die Tatsache, dass es hier kaum Obdachlose gibt. Es war der Optimismus. »Die meisten Amerikaner träumen davon, dass ihre Kinder in die Technologiebranche gehen. Silicon Valley ist der einzige Ort, an dem die Menschen technologiekritisch sind«, meint der Risikokapitalgeber Keith Rabois, ein Freund und Geschäftspartner von Abraham bei dem Start-up OpenStore. »Es war unglaublich erfrischend, an einen Ort zu kommen, an dem die Leute erfolgreichen Menschen nacheifern wollen. Es fühlte sich an, als wäre ich auf dem Mars gelandet.«

Ich kenne Rabois seit meinem vierzehnten Lebensjahr. Er ist zwei Jahre älter als ich und leitete die UNO-Planspiele an unserer öffentlichen High School in New Jersey. Ich war mit seiner Schwester befreundet, und sie und ich waren die Einzigen aus unserer Klasse, die ihm nach Stanford folgten. Er war immer nett zu mir, sozial etwas unbeholfen und immer darauf aus, andere vor den Kopf zu stoßen. Als Mitglied der PayPal-Mafia verdiente er enorm viel Geld und wurde – teils weil er konservativ ist, teils weil er Kontroversen mag – zur Zielscheibe der Stimmung, die sich gegen Big Tech richtet. Rabois war sein ganzes Leben lang auf der Suche nach einem Ort, an dem seine nietzscheanische Version von Freiheit akzeptiert wird. Im College war er ein Außenseiter, er war Redakteur bei der konservativen *Stanford Review*. 1992 wurde er von der Stanford Law School verwiesen, weil er vor dem Haus eines Dozenten »Ich hoffe, du stirbst an Aids« gerufen hatte, und wechselte zur Harvard Law School. Als Berater der Präsidentschaftskampagne von Dan Quayle passte er gesellschaftlich nicht zu den meisten seiner Kollegen im Silicon Valley. Miami, so glaubt er, ist heute das, was Silicon Valley im Jahr 1999 war.

Als Rabois und sein Ehemann zu Beginn der Pandemie in San Francisco festsaßen, führten sie ein Gespräch über Miami mit Abraham, der sie zum Umzug überredete. Rabois, ein Partner von Peter Thiels Founders Fund, zog in ein 29 Millionen Dollar teures Haus auf den Venetian Islands, ganz in der Nähe der zwei Häuser, die Thiel für 18 Millionen Dollar gekauft hatte. Der Founders Fund investierte bis 2020 null Prozent in Start-ups mit Sitz in Miami. Dann waren es auf einen Schlag neun, und für einen weiteren Fonds rechnet Rabois mit 15 Prozent. Der Grund sei einfach: Die globale Wirtschaft wird immer mehr wie Miami.

Rabois investiert gemeinsam mit der Palm Tree Crew, die von dem norwegischen DJ Kygo und seinem in Miami ansässigen Manager geleitet wird. »Ich investiere ständig mit TikTok-Influencern zusammen. In meiner Branche geht es darum, herauszufinden, was in fünf oder zehn Jahren angesagt sein wird, und darin sind sie ziemlich gut«, sagt Rabois. »Das Bruttoinlandsprodukt der Vereinigten Staaten wird von Design und Kultur bestimmt werden. Wenn die Hälfte der amerikanischen Kinder TikToker werden wollen, hat das einen Einfluss auf die Kultur. Südkorea hat seine Kultur exportiert. Das hier ist die amerikanische Version von Südkorea.«

Wir gehen um die Ecke zu Panther Coffee, Rabois in kurzen Hosen. Er sagt, dass er Freunde, die ihn besuchen, dazu überrede, mindestens eine Woche, besser noch einen Monat zu bleiben, um Seiten der Stadt kennenzulernen, die man bei einem Kurztrip nicht zu Gesicht bekommt. Neun seiner zwölf engsten Freunde sind inzwischen hierher gezogen. Im Barry's Fitness-Club, in dem er einmal im Monat einen Kurs leitet, sprach ihn kürzlich ein Angestellter von Coinbase an und erzählte ihm, er sei wegen seiner Tweets nach Miami gezogen. Und das sind eine Menge Tweets. Rabois' 288 000 Twitter-Follower sind täglich mehr Statistiken über die Großartigkeit von Miami ausgesetzt als die Follower der Handelskammer von

Miami. Auch Barry's verlegte Ende 2021 natürlich seinen Hauptsitz von L.A. nach Miami.

Als Republikaner ist Rabois der Meinung, dass Miami mehr als jede andere Stadt Amerikas Streben nach individueller Freiheit verkörpere: »Man muss schon suchen, um hier jemanden zu finden, der Maske trägt. Ich habe nur zwei Masken im Haus, für den Fall, dass ich mir für eine Uber-Fahrt eine aufziehen muss.« Neben drei texanischen Grenzstädten war Miami die Stadt, in der Trump bei seiner zweiten Präsidentschaftskandidatur den größten Stimmenzuwachs verzeichnen konnte, und zwar satte 11,2 Prozent.

Sogar Liberale, die von den Anti-Masken-Gesetzen des Trump-Fans und Gouverneurs von Florida, Ron DeSantis, entsetzt sind, wurden nach Miami gelockt. »Die Pandemie hat meinen Partner und mich ruiniert«, sagt Eric Demby, der Mitgründer von Smorgasburg, den Food Halls für Hipster. Seine vier Filialen in New York City mussten ein Jahr lang schließen, obwohl sie Outdoor-Bereiche haben. Der Standort in Los Angeles wurde ebenfalls geschlossen. Einige seiner Verkäufer verlegten ihre Geschäfte nach Miami. Wenn er mit ihnen zoomte, sah er im Hintergrund ständig belebte Cafés oder eine Veranstaltung mit Sponsoren.

»Ich wollte keine Dummheiten machen«, sagt Demby über seine Angst vor Covid. »Aber gleichzeitig war man als Geschäftsmann eben an einem Punkt der Verzweiflung. Ich fühlte mich an den Film *Midnight Cowboy* erinnert. Ratso und Jon Voights Figur träumen davon, nach Florida zu gehen. Wir sitzen im Elend in New York und träumen von Orangen und Sonnenschein.« In diesem Frühjahr eröffnet er eine Smorgasburg-Filiale im Miami-Stadtteil Wynwood.

In seinen riesigen, protzigen Büros in Coconut Grove leitet Alex Rodríguez die A-Rod Corp, eine Investmentfirma, die sich auf Immobilien und privates Beteiligungskapital konzentriert (dabei ist auch der Miteigentümer der NBA-Mannschaft Minnesota Timberwolves). Jeder hier ist elegant und cool gekleidet. Der ehemalige New York Yankee All-Star sitzt in seinem enormen Büro, flankiert von diktatorgroßen Fotos seiner beiden Töchter. Er investiert in das Unternehmen, das Rabois und Abraham gemeinsam gegründet haben, und wünscht sich, er hätte früher Geld in die Hand genommen für Immobilien in seiner Heimatstadt: »Das hier ist explodiert. Wenn man jetzt anfängt, muss man sehr diszipliniert sein.« Ständig rufen ihn Freunde an, um seinen Rat einzuholen, wenn sie hierher ziehen wollen. »Sie wollen in der Regel drei Dinge: eine Schule für ihre Kinder, einen Country Club für die Wochenenden und eine Synagoge. Und ich sage meistens: ›Mit zwei von den dreien kann ich dienen.‹« Vor nicht allzu langer Zeit veranstaltete er zusammen mit Rabois und Abraham eine Dinnerparty für deren auswärtige Freunde, um sie anzuwerben. Diese neuen Miami-Bewohner, die es gewohnt sind, Kontakte zu knüpfen und zu spenden, leisten bereits einen beträchtlichen Beitrag zur Kunst und Philanthropie in der Stadt. Und obwohl viele von ihnen aus Kalifornien kommen, sind die meisten gebürtige New Yorker. In seinem Song *Miami 2017* aus dem Jahr 1976 stellte sich Billy Joel vor, dass New York City, zerrüttet von Kriminalität und einer Finanzkrise, einundvierzig Jahre später am Ende sein würde.

I've seen the lights go out on Broadway
I saw the ruins at my feet
You know we almost didn't notice it
We'd seen it all the time on Forty-second Street
[…]
You know those lights were bright on Broadway
That was so many years ago
Before we all lived here in Florida
Before the Mafia took over Mexico

Er hat sich nur um drei Jahre verschätzt.

In einem Jahr des enormen Wachstums in der Gastronomie (Miami erhält dieses Jahr seinen ersten Michelin-Führer; das Café La Trova des Barkeepers Julio Cabrera wurde auf Platz 28 der fünfzig besten Bars der Welt gewählt) war der erfolgreichste Gastronom in Miami die New Yorker Major Food Group. Ihre Carbone-Restaurants in New York und Las Vegas waren bereits erfolgreich, aber für das in Miami ist der Kampf um einen Platz härter. LeBron James feierte die Eröffnung im Januar 2021 auf Instagram.

Jeff Zalaznick, Partner der Major Food Group, war in den Frühjahrsferien 2020 mit seiner Familie unterwegs, als die Pandemie alles auf den Kopf stellte. Sie verlängerten ihren Urlaub: »Im Mai beschloss ich, für ein Jahr hier unten zu bleiben und Miami zu entern. Ich habe gesagt: Für jeden, der hierher ziehen will, gibt es einen Job in unserem Team.« Obwohl er nicht für den Umzug aufkam, zogen mehr als hundert seiner rund tausend Mitarbeiter nach Miami. »Jeder Einzelne von ihnen ist hier glücklich, bis hin zum Hilfskellner, der sich täglich bei mir bedankt.« Zalaznick, der sein ganzes Leben in New York City verbracht hatte, kehrte nicht zurück. Er kaufte das Haus des pensionierten Baseballspielers Mike Piazza für 15 Millionen Dollar. Vertreten wurde er dabei von der Jills Zeder Group. So wie schon Piazza vor ihm. Er eröffnete eine Carbone-Filiale in South Beach; in den Räumlichkeiten hatte sich schon zuvor ein italienisches Restaurant der Spitzenklasse befunden. »Wir haben es von einem Restaurant mit einem Jahresumsatz von 7 Millionen Dollar in ein Restaurant verwandelt, das mehr als das Dreifache umsetzt, ohne etwas an der Größe oder Form zu verändern«, sagt er. Die Kellner tragen Smokings von Zac Posen, das Kalbsfilet Parmigiano kostet 69 Dollar, aus den Lautsprechern ertönt Frank Sinatra, und viele der Gäste waren zu Lebzeiten von Ol' Blue Eyes noch nicht geboren. Die Major Food Group eröffnete 2021 sechs Restaurants im Großraum Miami, darunter einen Club nur für Mitglieder, dessen freie Plätze innerhalb von vier Monaten ausverkauft waren. Außerdem arbeitet das Unternehmen mit dem New Yorker Bauunternehmer Michael Stern zusammen, um eine Immobilie mit Eigentumswohnungen zu bauen, das zukünftig höchste Gebäude der Stadt. »Die businessfreundliche Stimmung war mit Händen zu greifen«, sagt Zalaznick. »Der Bürgermeister rief mich tatsächlich an und fragte: ›Wie kann ich helfen?‹ In New York unvorstellbar.«

Es ist tatsächlich eine Masche des Bürgermeisters, Leute anzurufen und sein »Wie kann ich helfen?« zum Besten zu geben. Am 4. Dezember 2020 schrieb Delian Asparouhov, der mit Thiel und Rabois beim Founders Fund arbeitet, auf Twitter: »Okay Leute, hört mir zu, wie wäre es, wenn wir das Silicon Valley nach Miami verlegen würden?« Wenige Minuten später antwortete Bürgermeister Suarez: »How can I help?« Mit seinen mehr als 4000 Likes überstieg der Tweet alle Erwartungen des Bürgermeisters. »Zehn Jahre lang hatte ich das Gefühl, ich bin seit neun Monaten im Mutterleib. Und der ›How can I help‹-Moment war wie eine Geburt«, erzählt er mir. Er hat »How can I help?«-T-Shirts im nostalgischen Miami-Vice-Look, die ein Twitter-Follower entworfen hat, im Wert von 70 000 Dollar verkauft. In San Francisco hat er ein Plakat aufgehängt, das einen Screenshot eines anderen Tweets von ihm zeigt: »Spielst du mit der Idee, nach Miami zu ziehen? Direktnachricht an mich.«

Der durchtrainierte, braungebrannte Vierundvierzigjährige, dessen Vater ebenfalls Bürgermeister von Miami war, ist ein Energiebündel. Ich verbringe einen ganzen langen Tag in seinem Büro im Rathaus, anders als er. Das Bürgermeisteramt ist ein Teilzeitjob, so dass er einen Teil seines Tages als Rechtsanwalt bei der in Los Angeles ansässigen Kanzlei Quinn Emanuel Urquhart & Sullivan arbeitet. Trotzdem schafft er es, mir übertrieben oft Fist Bumps zu geben. »Wie sehe ich aus?«, fragt er mich und rückt seine Krawatte zurecht. Bevor ich antworten kann, tut er es für mich. »Zu erfolgreich, um gestresst zu sein«, sagt er und verlässt das Personalbüro, in dem sich ungeöffnete lokale Leckereien türmen, die ihm als Geschenke geschickt wurden. Wenig später kommt er wieder herein, zeigt auf den Fernseher, auf dem Fox Business läuft und macht mich darauf aufmerksam, dass der Sender in einer

Ecke des Bildschirms jetzt neben anderen Rohstoffen auch den Kurs von Bitcoin und Ethereum einblendet. Darauf noch einen Fist Bump.

Ein ehemaliger Angestellter, der Suarez durchaus wohlgesonnen ist, meint, dessen energetische Präsenz vermittle einem das Gefühl, man sei von einer hyperaktiven Person mit Aufmerksamkeitsdefizit umflattert. Fast jeder, den ich in Miami treffe, zeigt mir einen Tweet, einen Chat auf Discord, einen Kommentar oder eine WhatsApp-Nachricht, die der Bürgermeister spät nachts an ihn geschickt hat. Jede dieser Nachrichten strahlt eine Positivität und Zuversicht aus, die selbst einen Motivationsguru wie Tony Robbins in Fahrt bringen würde.

Suarez war der erste große amerikanische Politiker, der sich bei einem Besuch des brasilianischen Präsidenten in Miami bei einem Mitarbeiter von Jair Bolsonaro mit Covid-19 angesteckt hat. Er begann, über seine Erkrankung auf Instagram zu posten: »Ich sah, dass meine täglichen Posts durch die Decke gingen. Und mir wurde klar, dass wir in einer inhaltsbasierten Welt leben.« Suarez' Büro ist mit professioneller Beleuchtung und Kameras ausgestattet, die auf seinen monströsen Schreibtisch und die riesigen Fenster mit Meerblick gerichtet sind. Im vergangenen Jahr wurde er nicht nur mit 79 Prozent der Stimmen als Bürgermeister von Miami im Amt bestätigt, er ist außerdem der neue Präsident der United States Conference of Mayors und Republikaner. Aber er ist ein Anti-Trump-Republikaner, weshalb ihn der republikanische Gouverneur DeSantis nicht mag. DeSantis hat nichts von der Geschmeidigkeit, die Suarez an den Tag legt.

Auf dem Whiteboard im Büro des Bürgermeisters stehen Prioritäten wie »Mehr Geld für Polizei« und »Anti-Woke/Freiheit«. Die Freiheit, für die Suarez wirbt, funkelt verlockend, aber sie ist radikal. Im Juni lockte er die Bitcoin-Konferenz 2021 von ihrem geplanten Treffen in L.A. nach Miami. Einer der Organisatoren der Konferenz stellte ihn bei einer Indoor-Veranstaltung als »den unverantwortlichsten Politiker Amerikas, den Bürgermeister im Mekka der Freiheit« vor. Ein Teil dieser Freiheit besteht darin, die Bewohner von Miami mit Geld zuzuschütten, das so frei im Raum flottiert, dass es keiner Regierung gegenüber verpflichtet ist. Eines der wenigen politischen Bücher im ganzen Büro ist *The Bullish Case for Bitcoin* von Vijay Boyapati. Die MiamiCoin, die Suarez über eine Firma namens CityCoins schürfen ließ, hat seinem Büro 25 Millionen Dollar eingebracht, die er an die Einwohner von Miami verteilen will, so wie es Alaska mit Öleinnahmen macht. Es ist, wie eine Stadt auf einer Blase zu balancieren. Aber dann schaue ich auf den Fernseher im Büro und sehe den Werbespot, der bei fast jedem NFL-Spiel läuft und in dem Matt Damon für Crypto.com wirbt. Vielleicht gehört es zum Entstehungsprozess von Erfolg, dass Blasen aufsteigen.

Im Vergleich zu anderen Städten ist das Bürgermeisteramt in Miami nicht mit viel Macht ausgestattet. Der Bürgermeister von Miami-Dade hat mehr Kontrolle über das Gebiet, und Miami Beach hat einen eigenen Bürgermeister. Der Bürgermeister hat kein Stimmrecht im Stadtrat, und Suarez' Wahlinitiative von 2018, die dem Bürgermeister mehr Macht sichern sollte, scheiterte. Als ich ins Rathaus kam, hatte ich kurz Angst, man hätte mir die falsche Adresse genannt. Es ist ein kleines, zweistöckiges Gebäude am Yachthafen, abseits des Stadtzentrums, und die fünfzehn Mitarbeiter des Bürgermeisters nutzen nur den zweiten Stock.

Und trotzdem hat es Suarez, indem er in seinem Büro seine eigene Art von Macht erschafft, auf Platz 20 der »World's 50 Greatest Leaders«-Liste von *Fortune* geschafft. Er hat die Hälfte seiner begrenzten Bürofläche einem »Venture Miami« genannten Projekt gewidmet, für das er eine private Finanzierung in Höhe von 9 Millionen Dollar gesichert hat. Das macht es ihm möglich, in seinem Büro eine »Wagniskapitalgesellschaft in Residence« aufzubauen. In der Raumhälfte, die Venture Miami gewidmet ist, moderiert er seine wöchentliche YouTube-Talkshow *Cafecito Talk*, in der er den Gästen einen der ausgezeichneten Café Cubanos serviert, die die Mitarbeiter mit der Espressomaschine des Büros zubereiten. Normalerweise sind die Gäste Tech-Unternehmer, aber auch bei David Beckham, Magic Johnson, Marc Anthony oder dem konservativen Experten Ben Shapiro sagt einer wie er natürlich nicht nein. Am Morgen wurde der Raum für eine Rap-Session von sechs Start-up-Gründern genutzt, die sich den Fragen von zwei Risikokapitalgebern stellten. Um acht Uhr saßen sie im Kreis, nippten an ihren süßen Café Cubanos und tauschten sich über Immobilienpreise und öffentliche Verkehrsmittel aus. Man versicherte ihnen, dass ihre Angestellten bald durch einen von Elon Musk gebauten Tunnel zur Arbeit fahren würden, durch den fünfsitzige Teslas die Menschen in die Stadt schleudern. Außerdem gibt es ein Programm für fliegende Autos. Bei dieser Idee nicken alle eifrig. Klar doch, fliegende Autos.

Cary Gahm und sein Geschäftspartner, die eine Zeitarbeitsfirma für Zahnpfleger gegründet haben, machen sich Sorgen, dass es vor Ort zu wenige Talente im IT-Bereich gibt und die Einwanderungsbestimmungen sie daran hindern könnten, die Osteuropäer einzustellen, die sie gerne hätten. Ein anderer Gründer erzählt ihnen von einem Einheimischen, der ihnen für 14000 Dollar pro Person ein Visum besorgen kann. »Wir lieben Miami. Alle so: ›Ich hab' da wen für dich!‹«, sagt Gahm. Dann setzt er noch, halb im Scherz, zu dem Mann gewandt, der den Typ für die Visa kennt, hinzu: »Wir sollten eine Bootstour zusammen machen.«

Die Start-up-Gründer sagen mir, dass ich zur Miami Tech Happy Hour gehen soll, einer Veranstaltung, die jede zweite Woche in einem Restaurant namens Freehold stattfindet. Als ich ankomme, mache ich mich auf den Weg zur Außenbar, wo ich den Mitbegründer Chris Adamo treffe. Er hat ein Hawaiihemd von Jams World an, wie er sie seit fünf Jahren ausschließlich trägt, sogar zu Hochzeiten, schließlich gilt es ein Zeichen zu setzen für die Anti-New-York-Utopie, an der er baut. An die hundert Leute sind gekommen.

Adamo lebt seit 2012 in Miami. Die Tech-Welt, erzählt er, habe sich seitdem verändert. »Einiges davon war seltsam und interessant, und einiges davon war seltsam und illegal. Und jetzt haben wir den goldenen Mittelweg gefunden.« Die andere Initiatorin des Treffens, Natalia Martinez-Kalinina, die auch einen Buchklub leitet und Kitesurfing-Ausflüge für Neuankömmlinge organisiert, sagt, diese Abende zeigten ihr, wie die Zukunft von Miami aussehen könnte. »Wie werden wir noch mehr so wie das, weswegen die Leute hierher kommen? Wir sind eine junge Stadt. Wir sind ein Teenager mit Oberlippenflaum. Wie die reife Version von Miami aussehen kann, wird gerade verhandelt.«

Demian Bellumio, Mitbegründer eines Unternehmens für Telemedizin, geht auf Adamo zu und zeigt mir den Telegram-Kanal, den er eingerichtet hat, um Rad-, Yoga- und Kajaktouren für etwa tausend lokale Unternehmer zu organisieren. Als er mir einen Chat-Verlauf zeigt, sehe ich, dass Bürgermeister Suarez auch mit von der Partie ist. Ein Tech-Publizist zu sein ist nicht gerade die Aufgabe des Bürgermeisters von Miami, aber die Arbeit von Suarez hat auch bei Barry, der tatsächlich einer ist, einen bleibenden Eindruck hinterlassen: »Das ist eine große Veränderung gegenüber dem, was Bürgermeister früher gemacht haben, nämlich sich in Fehden zu verwickeln. Er hingegen scheint nicht zu feudal zu sein.« Suarez' Vater, der zwei Amtszeiten lang Bürgermeister war und den Spitznamen Mayor Loco trug, drohte einem Freund von Barry, dem Schriftsteller Carl Hiaasen, mit einer Verleumdungsklage und reagierte auf den kritischen Brief eines Bürgers, indem er um 22.30 Uhr vor dem Haus des achtundsechzigjährigen Rentners auftauchte, um seine Erwiderung abzugeben.

In einer Stadt, die gespalten ist zwischen kubanischen Amerikanern mit ihrem Horror vor dem Sozialismus und liberalen College-Absolventen mit ihrem Horror vor Autokratien, ist die Spaltung entlang Parteizugehörigkeiten nachrangig. Demokraten und Republikaner bewegen sich in denselben Kreisen und arbeiten zusammen. Die Wut auf Einwanderer hat sich bereits in den 1980er Jahren entladen. 2019 gaben die Republikaner, die in der Legislative in Florida die Mehrheit stellen, zu, mit ihrer Leugnung des Klimawandels ein Jahrzehnt verloren zu haben und stellten mehr als 200 Millionen Dollar für die Finanzierung von Maßnahmen bereit. »Wenn man eine Mitteilung über eine Springflut verschicken muss, ist die Debatte darüber, ob der Klimawandel real ist oder nicht, so gut wie vorbei. Wenn man an einem sonnigen Tag mit eigenen Augen eine Überschwemmung sieht, diskutiert man nicht mehr darüber, ob der Meeresspiegel steigt oder nicht«, sagt Dan Gelber, Bürgermeister von Miami Beach, in seinem Büro, das sich in einem viel eindrucksvolleren Gebäude befindet als das von Suarez. Und obwohl er ein Demokrat ist, ist die Zahl der Maskenträger in seinem Büro die gleiche wie in dem von Suarez: null. Beide Bürgermeister und die demokratische Bürgermeisterin von Miami-Dade, Daniella Levine Cava, arbeiten eng zusammen, denn wer für was zuständig ist, ist für die meisten Unternehmen und Regierungen außerhalb von Miami sowie für die Einwohner von Miami ohnehin intransparent.

Alle drei Bürgermeister sind der Meinung, die Grundlagen, die Miami in all den Jahren geschaffen habe – die Verbesserung der örtlichen Hochschulen, die Anwaltskanzleien, die Banken –, hätten diesen Moment ermöglicht. Sie alle betonen, es handele sich um eine echte Bewegung. »Ich war zehn Jahre lang Bundesstaatsanwalt«, meint Gelber, »und wir haben definitiv die Taugenichtse und die Kapitalschwachen angezogen. Oder, schlimmer noch, wir haben Unternehmen angezogen, die nur kamen, um sie auszubeuten.« Aber jetzt »bewegt sich echtes Kapital hierher. NFTs, Krypto und all das ist eine ziemlich neue Industrie, aber ich glaube nicht, dass es eine falsche Industrie ist.«

»Krypto ist das neue Kokain«, kontert Billy Corben, der Filmemacher und liberale Aktivist, der 2006 den Dokumentarfilm *Cocaine Cowboys* über den Drogenhandel der siebziger und achtziger Jahre in Miami gedreht hat. »Die MiamiCoin generiert Einnahmen durch Mining, und die Stadt erhält einen Anteil an jedem Verkauf, weil der Bürgermeister in dieses Pump-and-Dump-Geschäft verwickelt ist. Irgendwie haben wir einen Weg gefunden, die Kryptowährung noch dubioser zu machen, als sie eh schon ist.« Er bezeichnet die Tech-Einwanderer als »arroz con manbros«. (In Kuba ist *arroz con mango* ein Slang für »Riesenschlamassel«. *Manbros* sind eine Mischung aus echten Kerlen und umgänglichen Jungs.)

»Kommen Sie ja nicht hierher und tröten drauflos, wie kompetent und hervorragend die Regierung ist und wie einfach das Pendeln ist und wie toll der Kundenservice«, sagt er. »Drei der tödlichsten Gebäudekollapse der letzten zehn Jahre ereigneten sich in einem einzigen Bezirk. Dabei sind die Einstürze, bei denen niemand zu Tode kam, noch nicht einmal mitgerechnet. Ein einziger Bezirk, Alter. Das ist eine Dritte-Welt-Regierung und eine

Vierte-Welt-Infrastruktur, auch wenn ich damit vielleicht die Vierte Welt beleidige.« Im vergangenen Juni brachen die Champlain Towers South zusammen, eine Luxuswohnanlage am Strand nördlich von Miami Beach, und begruben 98 Menschen unter sich. Er merkt auch an, dass die Schulbehörde ein Grundschulbuch über Kultur verboten hat, weil es die kubanische Regierung nicht scharf genug kritisiert. »Hier geht es nicht um Freiheit. Es geht um wirtschaftliche Freiheit.« Corben glaubt, dass Miamis Bedeutung gemeinsam mit dem Virus wieder schwinden wird. »Eine Wegwerfstadt fühlt sich plötzlich unentbehrlich. Sie ist eine Geliebte. Die Menschen lebten an Orten, die ihnen etwas bedeuteten, und dann kamen sie auf einmal mit der Zerbrechlichkeit des Lebens in Berührung und brauchten einen Moment. Wenn Miami morgen von der Landkarte verschwinden würde, wäre das ohne Folgen. Es gibt hier keine Industrie, die dann weg wäre. Es ist keine Bewegung«, sagt er. »Eine Miami-Bewegung ist das, was passiert, nachdem ich bei Sergio's gegessen habe.«

Ich treffe Debbie Mucarsel-Powell zum Frühstück in einem Café in The Shops at Merrick Park, einem Einkaufszentrum in Coral Gables, einem wohlhabenden Stadtteil mit klassischer spanischer Architektur und vielen Springbrunnen. Die Demokratin Mucarsel-Powell, die den südlichen Teil der Stadt von 2018 bis 2020 im Kongress vertrat, bevor sie gegen einen Republikaner verlor, arbeitet jetzt für Gabby Giffords' Organisation für Waffenkontrolle. Auch sie hält die Miami-Bewegung für einen Hype. »Wir haben wirklich ernste Probleme, die es schwer machen, große Unternehmen anzuziehen«, meint sie und verweist darauf, dass der Bundesstaat bei der Einkommensgleichheit an vorletzter Stelle in den USA steht und beim Zugang zur Gesundheitsversorgung und deren Erschwinglichkeit an 47. Stelle von fünfzig.

Vielleicht ist alles, was ich gesehen habe, ein Schwindel im Sumpfland. Die Jills wurden 2015 dabei erwischt, wie sie ihre Angebote in der MLS-Immobiliendatenbank durch das Hinzufügen von Leerzeichen zwischen den Buchstaben und Zahlen in den Adressen versteckten, damit ihre Konkurrenz sie nicht finden konnte. Sie behielten ihre Lizenzen, nachdem der Mann, der sie angezeigt hatte, beim Versuch erwischt wurde, sie um 800 000 Dollar zu erpressen. Art Acevedo, der vormalige Polizeipräsident von Houston, den Suarez im März 2021 mit den Worten nach Miami gelockt hatte, dieser sei »wie der Tom Brady oder der Michael Jordan unter den Polizeichefs«, wurde ein halbes Jahr später entlassen. Acevedo zufolge war der Grund dafür, dass er die Korruption im Stadtrat unter die Lupe genommen habe. Er will vor einem Bundesgericht Klage einreichen.

Nach einer Woche in Miami steige ich in meinen Flieger zurück nach Los Angeles, erschöpft von der Freiheit, besorgt, dass ich mir Covid-19 eingefangen habe, und bereit für ein Nickerchen. Doch die junge Frau in einem paillettenbesetzten Bratz-Trainingsanzug auf dem Sitz neben mir will mir von ihrer Reise erzählen. Natalia Rose, 19, war wieder einmal für eine Woche nach Miami gereist, um im Bellas Cabaret zu arbeiten, weil das deutlich einträglicher sei als ihr Job als Stripperin in Los Angeles. Zu Beginn der Pandemie hätte sie Miami gemieden, obwohl ihre Freunde dort gutes Geld machten, weil es in den Clubs keine Sitzplatzbeschränkungen gab und die Maskenpflicht nicht durchgesetzt wurde. Dann habe sie sich in L.A. mit dem Corona-Virus angesteckt, als sie in der Eisdiele Cold Stone Creamery arbeitete. Seit drei Monaten überlegt sie, nach Miami zu ziehen: »Die Wirtschaft in L.A. ist im Moment einfach beschissen, auch wenn ich jetzt wie ein alter Sack klinge.« Sie ist der Überzeugung, ihre Musikkarriere von überall aus verfolgen zu können, da heute ohnehin alles online produziert werde. Ein Ex-Freund (sie korrigiert sich: ihre »ex-situationship«) und ein befreundeter Tänzer seien bereits umgezogen. »Ich würde nach Miami ziehen, um mehr Kontakte in die Krypto-Szene zu knüpfen«, so Rose weiter. »Nicht Forex Trading, weil ich weiß, dass es Bullshit ist. Ich sehe eine Menge auf Discord.«

Ich komme nach Hause und gehe früh ins Bett. Ich bin ein alter Hase, der die neue Welt, deren Hauptstadt Miami ist, nicht verarbeiten kann. Wie bei vielen der Veränderungen in Amerika in den letzten fünf Jahren bin ich mir nicht sicher, ob ich daran teilhaben will. Oder ob ich die Energie dazu habe. Wenn kein Weg darum herumführt und ich mich der neuen Miami-Bewegung anschließen muss, werde ich etwas von dem Kokain aus Miamis guten alten Zeiten brauchen.

Aus dem Englischen von Birthe Mühlhoff

Rechtskolumne

Wie reformiert man ein kaputtes Gericht?

Von Florian Meinel

Von Europa aus gesehen scheinen die Konfliktlinien der Auseinandersetzung um die Institution der Verfassungsgerichtsbarkeit häufig entlang der Front zwischen progressiven Richtern und Rechtspopulisten zu verlaufen. Beispielhaft ist dafür die Eskalation der Rechtsstaatskrise in Polen, die der *Verfassungsblog* jüngst in einem fünfteiligen Podcast mit großartiger Akribie aufgearbeitet hat.[1] Beispielhaft sind auch die öffentliche Mobilisierung gegen den britischen Supreme Court im Brexit-Konflikt oder die regelmäßigen, wenn auch inzwischen etwas verebbten Empörungswellen gegen allzu integrationsfreundliche Entscheidungen des Europäischen Gerichtshofs. Eine Ausnahme bildet vor allem das deutsche Bundesverfassungsgericht, und zwar nicht nur, weil es aus vielen Gründen schlechter auf der politischen Skala zu verorten ist oder weil es politischen Anliegen und Themen des Rechtspopulismus zumindest keine ganz geringe Aufmerksamkeit schenkt.[2] Versuche, von dieser Seite aus Stimmung gegen Karlsruhe zu machen, sind bisher weitgehend unterblieben und im Übrigen gescheitert.

1 https://verfassungsblog.de/pod/.

2 Andreas Kulick / Johann Justus Vasel, *Das konservative Gericht. Ein Essay zum 70. Jubiläum des Bundesverfassungsgerichts.* Tübingen: Mohr Siebeck 2021.

Justizieller Extremismus

Dass die gegenwärtigen Konflikte um das »governing with judges«, wie es der amerikanische Verfassungsrechtler Alec Stone Sweet vor mehr als zwanzig Jahren genannt hat, tiefer reichen, zeigt nicht zuletzt der Vergleich mit dem amerikanischen Supreme Court, für den Präsident Biden mit Ketanji Brown Jackson im Februar zum ersten Mal in der Geschichte eine schwarze Frau als Richterin nominiert hat. Der Oberste Gerichtshof hat seit den 1970er Jahren eine weitgehend stabile Mehrheit aus von den Republikanern nominierten Richterinnen und Richtern.

Das liegt teils an einer politischen Pechsträhne der Demokraten, teils an der im Wahlsystem begründeten strukturellen Senatsmehrheit der Republikaner, teils an offen verfassungswidrigen Schachzügen der Republikaner, die sich 2016 erfolgreich weigerten, die Bestätigung von Barack Obamas damaligem Kandidaten, Bidens jetzigem Justizminister Merrick Garland, auch nur zu erwägen und damit den Parteienkonflikt über den Supreme Court beispiellos verschärft haben. Trump fiel damit zum ersten Mal seit Richard Nixon und Ronald Reagan die Chance zur Nominierung von gleich drei Richtern in einer Amtszeit zu.

Seit Amy Coney Barrett 2020 auf Ruth Bader gefolgt ist,[3] hat der Supreme Court

3 Linda Greenhouse, *Justice on the Brink. The Death of Ruth Bader Ginsburg, the Rise of Amy Coney Barrett, and Twelve Months*

nicht nur eine konservative Mehrheit, sondern eine konservative, nach europäischen Maßstäben sogar äußerst konservative bis rechtsextreme »supermajority« von sechs zu drei, an der sich auch durch das Ausscheiden des pragmatischen Zentristen Stephen Breyer nach dem Ende der aktuellen Sitzungsperiode nichts ändern wird. Sie gilt schon jetzt als »blockbuster term« (Noah Feldman), weil eine ganze Reihe von verfassungsrechtlichen Herzensangelegenheiten der amerikanischen Rechten neu oder wieder zur Debatte stehen: Waffengesetze, religiöse Schulen, Abtreibungen und *affirmative action* bei College-Zulassungen.

Auf eine zurückhaltendere Handhabung seiner Macht hat sich der Supreme Court weder durch eine akademische und öffentliche Polemik verpflichten lassen,[4] wie sie in Deutschland in dieser Schärfe undenkbar wäre, noch haben ihn peinliche Enthüllungen davon abbringen können. Der Verfall der Beratungskultur im Richterkollegium ist offensichtlich, strukturelle Korruption bei den wissenschaftlichen Mitarbeitern *(law clerks)* allgemein bekannt, denen Großkanzleien zusätzlich zu ihrem Gehalt in einer Mischung aus strategischem Recruitment und politischer Landschaftspflege sagenhafte Boni zahlen.[5] Süffisant wird über politische Umtriebe berichtet, zuletzt etwa die der Frau des noch von George Bush sen. ernannten Richters Clarence Thomas, die sich nach ihrem Ausstieg aus einer dubiosen Sexsekte als Lobbyistin des verschwörungstheoretischen MAGA-Milieus und eifrige Influencerin ihres Gatten betätigt.[6]

Unterdessen eröffnet der Supreme Court nicht nur neue Kampflinien gegen Gewerkschaften und Umweltstandards, sondern hat beispielsweise vom Voting Rights Act von 1965, einem Eckstein der Bürgerrechtsära und der Gleichstellung der Schwarzen, in einer ganzen Serie von Entscheidungen seit *Shelby County v. Holder* (2013) nur noch einen Torso übriggelassen. Es gibt also ernsthafte Gründe, in aggressiven Maßnahmen gegen die republikanische Mehrheit im Supreme Court einen Beitrag zur Sicherung demokratischer Infrastrukturen zu sehen, wie Jan-Werner Müller das nennt.[7] Der ausscheidende Richter Breyer musste sich zuletzt von Laurence Tribe, dem Altmeister des amerikanischen Verfassungsrechts, als Traumtänzer abkanzeln lassen, der immer noch an ein unpolitisches Gericht

That Transformed the Supreme Court. New York: Random House 2021.

4 Statt vieler Adam Cohen, *Supreme Inequality. The Supreme Court's Fifty-Year Battle for a More Unjust America*. New York: Penguin 2020; Michael J. Klarman, *The Supreme Court 2019 Term. Foreword: The Degradation of American Democracy – And the Court*. In: *Harvard Law Review*, Nr. 134/1, November 2020.

5 Staci Zaretsky, *Elite Biglaw Firms Likely To Offer $450K In Signing Bonuses To Supreme Court Clerks*. In: *Above the Law* vom 14. Juli 2021 (abovethelaw.com/2021/07/elite-biglaw-firms-likely-to-offer-450k-in-signing-bonuses-to-supreme-court-clerks/).

6 Jane Mayer, *Is Ginni Thomas a Threat to the Supreme Court?* In: *The New Yorker* vom 21. Januar 2022; Danny Hakim / Jo Becker, *The Long Crusade of Clarence and Ginni Thomas*. In: *New York Times* vom 22. Februar 2022.

7 Jan-Werner Müller, *Democracy Rules*. New York: Farrar, Straus and Giroux 2021.

glaubt und dadurch den Feinden der Republik in die Hände spielt.[8]

Die institutionellen Probleme des Supreme Court sind seit langem bekannt: Das Prinzip der Lebenszeitberufung *(life tenure)* mit seinen unweigerlich gerontokratischen Folgen lässt sich nicht beseitigen, weil es nach wohl überwiegender Auffassung von der Verfassung unverrückbar festgeschrieben, das Verfahren der Verfassungsänderung aber aussichtslos schwerfällig ist. Das Prozedere der Bestätigung von Nominierungen des Präsidenten im Senat ist seit der Abschaffung des *filibuster*, das heißt der qualifizierten Mehrheit von 60 der 100 Stimmen, im Zuge der Bestätigung von Neil Gorsuch im Jahr 2017 politisiert bis zum Exzess, zumal seit der Ära Trump und der Causa Merrick Garland.

Die erstaunlich stabile Wählerkoalition zwischen der harten religiösen Rechten und dem deklassierten MAGA-Milieu, die Donald Trump zu schmieden verstand, spiegelte sich wider in einem impliziten Pakt zwischen ihm und dem damaligen Mehrheits- und jetzigen Minderheitsführer im Senat, Mitch McConnell: loyale Unterstützung für den erratischen Kurs des Präsidenten, dafür konservative bis ultrarechte Richter für den Supreme Court. Zurückgreifen können die Republikaner dabei auf ein Rekrutierungssystem, das mit der »Federalist Society« eine ausgesprochen effiziente Organisation und mit der Theorie des »Originalism«, einer angeblich dem ursprünglichen Wortsinn verpflichteten Methode der Verfassungsauslegung, für jeden Laien und Erstsemester verständliche Propagandaparolen zum Nachsprechen anbietet.

Gehässigkeit geht immer: Kaum hatte Biden versprochen, eine schwarze Frau vorzuschlagen, ließ sich der republikanische Senator John Kennedy (Louisiana) dazu herab, mitzuteilen, er bestehe auf einer Kandidatin, die ein juristisches Buch von einem Versandkatalog unterscheiden kann. Ausgeschöpft ist die Eskalationsspirale noch nicht. Schließlich könnte sich eine Senatsmehrheit auch außerhalb der Wahlkampfkonstellation von 2016 dauerhaft weigern, Vorschläge eines Präsidenten der Gegenseite auch nur auf die Tagesordnung zu setzen.

Eine progessive Reminiszenz

Der Diskurs über den Supreme Court hat sich so in kurzer Zeit ins Gegenteil verkehrt. Waren es seit den 1950er Jahren die Rechten, die über den sozialgestaltenden »Aktivismus« der demokratisch nicht verantwortlichen Lebenszeitrichter schimpften, sind sie mit dem Status quo heute hochzufrieden, während die Progressiven das Erbe der Bürgerrechtsära gegen das Gericht verteidigen müssen.[9]

Kein Wunder daher, dass die Demokraten im Wahlkampf 2020 mit radikalen Schritten geliebäugelt haben; genauer gesagt mit einem Re-Enactment der berühmtesten historischen Schlacht um den Supreme Court. Die Details dieser abgesehen von der Gründungsära vielleicht meisterzählten Geschichte des amerika-

8 Laurence H. Tribe, *Politicians in Robes*, In: The *New York Review of Books* vom 10. März 2022.

9 Linda Greenhouse, *Should We Reform the Court?* In: *New York Review of Books* vom 7. April 2022.

nischen Verfassungsrechts sind bis heute hoch umstritten.[10] Sie handelt vom Sieg des progressiven Lagers im New Deal und dem »court-packing plan« Franklin D. Roosevelts. Roosevelt bezwang den anfänglichen Widerstand des Supreme Court gegen seine epochalen Wirtschaftsreformen, indem er ein Gesetzgebungsverfahren lancierte, das den neun Mitgliedern des Gerichts sechs weitere, von Roosevelt selbst zu ernennende zur Seite gestellt und damit die Mehrheitsverhältnisse in seinem Sinn geändert hätte. Die Stärke der Richterbank ist nämlich in der Verfassung im Gegensatz zur Amtszeit nicht festgelegt.

Die Sache endete damit, dass der Supreme Court seine Rechtsprechung änderte, und zwar grundlegend. Im März 1937 bestätigte er im Fall West Coast Hotel Co. v. Parrish eine Mindestlohnregelung, wie sie in praktisch identischer Form kurz zuvor noch als verfassungswidrig verworfen worden war. Der politische Eingriff in die Mehrheitsverhältnisse und der ganze »court-packing plan« waren daraufhin bald vom Tisch. Was folgte, waren die *trentes glorieuses* des amerikanischen Verfassungsrechts, Jahrzehnte, in denen der Supreme Court nicht zuletzt durch seine Rolle im New Deal und in der Bürgerrechtsära zum weltweit führenden Gericht wurde.

Viele haben Biden im Wahlkampf und vollends nach der Rückeroberung des Senats im Januar 2021 bedrängt, einen neuen »court-packing plan« zu schmieden. Doch der Präsident ließ den Kairos verstreichen, schätzte seine dünnen Mehrheiten realistisch ein oder wollte, was am plausibelsten ist, als Senatsveteran und institutionell Konservativer von Anfang an nicht recht, sondern setzte auf das Mittel aller Unentschlossenen und Zeitgewinner: Er richtete in den ersten hundert Tagen seiner Präsidentschaft eine Kommission ein, die Reformvorschläge in Bezug auf den Supreme Court erarbeiten, diskutieren und bewerten sollte.

Im Dezember 2021 hat diese Kommission, dominiert von herausragenden Vertretern des akademischen Establishments der großen Law Schools, aber doch mit einem Hauch von Überparteilichkeit, den Entwurf ihres Abschlussberichtes vorgelegt.[11] Bestimmte Empfehlungen hat sie nicht beschlossen, das war auch nicht ihr Auftrag, wohl aber eine Bestandsaufnahme von institutionellen Reformstrategien geleistet. Über praktisch alle Fragen war die Kommission sich am Ende uneins.

Natürlich nimmt dabei das Für und Wider einer strategischen Vergrößerung des Gerichts viel Platz ein, wobei die Argumente wenig überraschend sind. Die Befürworter verweisen nicht zu Unrecht darauf, dass die Erweiterung nur eine Reaktion auf die flagranten Regelverletzungen wäre, die die Republikaner in Kauf genommen haben, um ihre konservative Zweidrittelmehrheit zu installieren. Doch die Sache hat vielleicht am Ende mehr historische Aura als politischen Sinn. Selbst wenn sich Mehrheiten finden, wäre die Umkehrung der Mehrheitsverhältnisse nur auf den kurzfristigen Erfolg be-

10 Zuletzt Mark Tushnet, *The Hughes Court. From Progressivism to Pluralism, 1930 to 1941*. Cambridge University Press 2022.

11 Presidential Commission on the Supreme Court of the United States, *Draft Final Report*. December 2021 (www.whitehouse.gov/wp-content/uploads/2021/12/SCOTUS-Report-Final.pdf).

rechnet. Langfristig änderte sich dadurch nichts am elektoralen *bias* zugunsten republikanischer Richter, der sich in jeder künftigen Besetzung des Gerichts zur Geltung bringen würde. Jede andersfarbige Kongressmehrheit könnte zudem ihrerseits durch weitere zusätzliche Sitze die Mehrheit wieder umdrehen und den Supreme Court dadurch gänzlich zerstören.

Wenn das amerikanische Regierungssystem inzwischen in einem kalten Bürgerkrieg operiert, in dem die Republikaner sich auf breiter Front auf Taktiken der Illegalität einlassen, ist die Änderung der Regeln für alle Seiten strategisch gleichermaßen gefährlich und wenig verlässlich. Würde sich die Haltung der Republikaner gegenüber einem politisch umbesetzten Gericht von ihrer Haltung gegenüber einer durchschnittlichen fairen Wahl grundlegend unterscheiden? Oder rechnet diese Annahme noch auf eine längst zerrüttete überparteiliche institutionelle Autorität der Gerichtsbarkeit? Die schrill empörten Argumente gegen ein gezielt aufgeblähtes Gericht lägen schließlich auf der Hand und ließen sich bei erstbester Gelegenheit aus der Tasche ziehen. Sollten die Republikaner, was immerhin ein denkbares Szenario ist, entschlossen sein, ihre Macht über die Legislativen der Einzelstaaten zu nutzen, um sich nach der Präsidentschaftswahl 2024 an die Macht zu putschen, könnte es auf eine Restautorität des Gerichts durchaus ankommen. Der Ausnahmelage des politischen Systems entsprächen deswegen vielleicht eher begrenzte offizielle politische Kampagnen der Regierung gegen das Gericht, die das öffentlichkeitswirksame Spiel mit der Provokation nicht völlig den Republikanern von McConnell und Trump überlassen.

Strategische Optionen

Wie also ließe sich die politische Polarisierung des Supreme Court durchbrechen? Nun kann natürlich ein Gerichtshof aus neun Mitgliedern von vornherein nicht im strengen Sinn parteipolitisch ausgeglichen besetzt werden, zumal dann nicht, wenn für die Nominierung keine qualifizierte Mehrheit mehr erforderlich ist und deswegen gemäßigte Richter, die wie der von Reagan ernannte Anthony Kennedy »unideologisch« je nach Sachgebiet mit diesem oder jenem Lager stimmen, immer unwahrscheinlicher werden. Nachdem die Republikaner 2016 die Nominierung von Garland blockiert hatten, gab es deswegen die Forderung, die Zahl der Richter bei acht zu belassen oder auf eine andere gerade Zahl zu erhöhen, um die Häufung von Entscheidungen mit fünf zu vier Stimmen entlang der Parteilinien zu verhindern.

Doch selbst wenn es gelänge, die Richterbank paritätisch aus den beiden Lagern zu besetzen, wäre das Problem im Umfeld extremer politischer Polarisierung nicht gelöst. Mit vier zu vier oder fünf zu fünf oder sechs zu sechs kann schließlich kein Gericht irgendetwas entscheiden. Es siegt dann immer der Status quo beziehungsweise das Instanzgericht, dessen Entscheidung infrage steht. Naheliegend ist deswegen die auch für das Bundesverfassungsgericht immer wieder erhobene Forderung, jedenfalls für die Verwerfung von Gesetzen qualifizierte Mehrheiten innerhalb des Gerichts zu verlangen (was etwa in Südkorea auch praktiziert wird). Doch abgesehen davon, dass es in den USA bereits eine qualifizierte und politisch eindeutige Sechs-zu-drei-Mehrheit gibt, klingen qualifizierte Mehrheitserfordernisse meist besser, als sie in der Praxis sind. Es kommt nämlich stark, ja entscheidend auf die Konstellation des Einzelfalls an, wem sie am Ende nützlich sind. Voraussehen lässt es sich nicht.

In einem flott argumentierten Artikel haben Daniel Epps und Ganesh Sitaraman zwei Radikallösungen vorgeschlagen.[12] Die erste Variante bestünde darin, sämtliche derzeit 179 Richter an den Bundesberufungsgerichten zugleich zu Richtern am Supreme Court zu wählen, der damit nominell auf das Zwanzigfache seiner jetzigen Größe anwüchse. Da ein solcher Spruchkörper aber nicht entscheidungsfähig wäre, müsste in jedem einzelnen Fall das Los über die konkrete Auswahl von weiterhin jeweils neun Richtern entscheiden, die sich über einen Fall beugen. Praktisch jeder Fall würde in einer anderen Besetzung entschieden. Der Einfluss einzelner Personen auf die Gesamtentwicklung der Rechtsprechung wäre auf diese Weise stark reduziert, die quasireligiöse Verehrung des Richteramts am Supreme Court gleich mit, freilich um den offensichtlichen Preis abnehmender Konsistenz und Vorhersehbarkeit von Entscheidungen. Die Legitimationsbasis, um Fälle von großer Trageweite zu entscheiden, wäre dünn.

Anders die zweite Variante, die Epps und Sitaraman vorschlagen: Sie bestünde darin, den Supreme Court gesetzlich auf eine gerade Zahl von Mitgliedern – acht, zehn oder zwölf – festzulegen. Jede der beiden Parteien erhielte, und zwar völlig unabhängig von den Mehrheiten im Kongress und im Weißen Haus, das Recht zur Besetzung der Hälfte der Stellen. Damit wäre die Parteipolitisierung des Besetzungsverfahrens nicht neutralisiert, sondern gerade auf außerordentlich unumwundene Weise explizit gemacht. Freilich entfiele damit die Prämisse der Unabhängigkeit der Verfassungsgerichtsbarkeit, wonach Richter keine Vertreter einer Partei sind.

Andere Reformstrategien, die die Kommission erwogen hat, können teilweise auf das Vorbild europäischer Höchstgerichte verweisen. Das gilt etwa für die Aufgliederung des Supreme Courts in mehrere Senate oder *panels* mit unterschiedlichen Zuständigkeiten wie beim Bundesverfassungsgericht. Vieles ist sicherlich sinnvoll, aber nicht sehr weitreichend. Das gilt etwa für die Eingrenzung von Eilentscheidungen, die bisher auch in hochpolitischen Fragen wie zuletzt dem texanischen Abtreibungsgesetz ohne Verhandlung und ohne jede oder ohne jede ernsthafte Begründung ergehen können, oder für die Einführung von Verhaltensregeln, wie sie auch das Bundesverfassungsgericht vor kurzem, freilich ohne alle öffentliche Aufmerksamkeit, beschlossen hat.

Bisher finden die für amerikanische Bundesrichter geltenden Standards in Sachen Nebentätigkeiten oder Befangenheiten auf die Supreme Court Justices keine Anwendung – siehe Clarence Thomas. Andere, in der Kommission offenbar eher unkontroverse Vorschläge sind nach den historischen Erfahrungen schlicht verblüffend wie etwa der Vorschlag, die Beratungen des Gerichts künftig im Fernsehen zu übertragen (»courtroom transparency«). Der US-Kongress hat die Fernsehübertragung von Plenar- und Ausschusssitzungen von Repräsentantenhaus und Senat über den staatlichen Kabelsender C-Span in ei-

12 Daniel Epps/Ganesh Sitaraman, *How to Save the Supreme Court*. In: *The Yale Law Journal*, Nr. 129/1, Oktober 2019.

nem aufsehenerregenden Schritt um 1980 eingeführt. Wenig später begann die extreme ideologische Polarisierung des politischen Systems. Was spricht dafür, dass die Wirkung bei einem obersten Gericht eine andere wäre?

Legislative Override?

Die Aussichten, dass aus dem institutionellen Reformprozess der Kommission politisch etwas wird, sind gering. Biden war sich im Februar schließlich noch nicht einmal sicher, die Nominierung von Ketanji Brown Jackson durchsetzen zu können. Das Grundproblem, um das es geht, lösen institutionelle Reformen in Aufbau, Zusammensetzung und Verfahren des Gerichts ohnehin nicht. Es betrifft die Frage nach der demokratischen Autorität der Verfassungsrechtsprechung, die ihr seit einem halben Jahrhundert führender deutscher Theoretiker soeben noch einmal auf höchstem Niveau gestellt hat.[13] Das Arrangement der Verfassungsgerichtsbarkeit mit der »Massendemokratie« ist in der heutigen Form im Kern erst sehr spät, nämlich nach dem Zweiten Weltkrieg und in der Bürgerrechtsära entstanden. Es ist historisch beglaubigt nicht zuletzt durch die Phase der inneren Liberalisierung der westlichen Demokratien in den *trentes glorieuses*. Ist es von Dauer? Hält es den inneren und äußeren Konflikten stand, die heute an den westlichen Massendemokratien zerren?

Auch der Bericht der Reformkommission verschweigt nicht, dass es am Ende nicht um Einzelreformen, sondern um das *grand design* der demokratischen Regierungsform geht, zu der Verfassungsgerichte als machtvolle Akteure und nicht bloß als neutrale Schiedsrichter gehören. Deutlich wird das an der Frage nach der Einführung eines *legislative override* von Gerichtsentscheidungen, die von der Supreme Court Commission nur sehr kurz behandelt wird. Soll die Legislative das Recht haben, in Einzelfällen sich entweder explizit über ergangene Entscheidungen hinwegzusetzen oder für bestimmte Gesetzesvorhaben von Anfang an die verfassungsgerichtliche Kontrolle auszuschließen?

Die kanadische Grundrechtecharta kennt in Art. 33 schon heute eine Bestimmung, wonach die Legislative Gesetze für eine Fünf-Jahres-Frist ausdrücklich gegen den Einwand des Verstoßes gegen bestimmte Grundrechte immunisieren kann. Ob die dahinterstehende Idee eines Verfassungsdialogs außerhalb der besonderen Architektur der kanadischen Mischverfassung aus Westminster-Parlamentarismus, Föderalismus und Grundrechtsgerichtsbarkeit praktikabel ist,[14] ist eine schwierige Frage.

Jedenfalls läge der Sinn einer solchen Bestimmung, auch das zeigt der Fall Kanada, nicht notwendig in ihrem regelmäßigen Gebrauch. Selbst wenn sie kein einziges Mal angewandt würde, würde sie vernünftigen Konflikten um unvermeidlich strittige Fragen der Verfassungsauslegung mehr Raum geben und entzöge gleichzeitig dem Einwand, Verfassungsgerichte seien eine Veranstaltung zur Missachtung gewählter Mehrheiten, einiges an Plausibilität.

13 Dieter Grimm, *Verfassungsgerichtsbarkeit*. Berlin: Suhrkamp 2021.

14 Geoffrey Sigalet u.a. (Hrsg.), *Constitutional Dialogue. Rights, Democracy, Institutions*. Cambridge University Press 2019.

Investigative Ästhetik

Ermittlungen gegen die dunkle Epistemologie des Post-Truth-Zeitalters

Von Simon Rothöhler

Es scheint ein wenig aus der Mode gekommen, Problemkomplexe der Gegenwart mit ästhetischen Konzepten zu adressieren. Schon gar nicht in Erwartung einer besonderen begrifflichen Ressource für etwaige Problemlösungshorizonte. Selbst feuilletonistische Deutungen einschlägiger Topoi der vergangenen Jahre – wie Klimakrise, gesellschaftliche Desintegration, Verschwörungsdenken, Fake News etc. – kamen weitgehend ohne ästhetische Register oder Bezugnahmen aus. Zumindest das war mal anders, denkt man beispielsweise an gar nicht so lange zurückliegende zeitgeistdiagnostische Dauerwarndurchsagen, die »Ästhetisierung« unter anderem für subjektgefährdenden medialen Overload, die generelle Krisenhaftigkeit gesellschaftlicher Kommunikation und Selbstaufklärung oder gar für mehr oder weniger kompletten »Wirklichkeitsverlust« verantwortlich machen wollten. Plakative Indienstnahmen dieser Spielart wird wohl kaum jemand ernstlich vermissen. Man kann sich aber durchaus fragen, inwiefern deren Verschwinden nicht doch auf eine generelle Relevanzkrise ästhetischer Denkfiguren hindeutet.

Die Ästhetik – als Begriffs- und Theorieangebot – hat sich, so könnte man diese auffällige Erschöpfung auch zusammenfassen, weitgehend in den Kunstbetrieb zurückgezogen. Nach Jahrzehnten der Überbeanspruchung ist sie nun relegiert – wie immer man das nennen möchte: Retreat, *safe space*, Heimspiel, Rekonvaleszenz. Dort kann sich ästhetische Semantik erholen und wieder auf ihr Kerngeschäft konzentrieren: kunstkritische Diskursroutinen mit Sprachspielmaterial versorgen, mit regenerierten Distinktionsdynamiken künstlerische Objekte, Praktiken, Werkzusammenhänge beschreiben und theoretisieren, den Laden (also oftmals: den Markt) am Laufen halten. Ästhetik wird natürlich weiter gebraucht, um mehr oder weniger institutionell gerahmte Gegenstände und Ereignisse aus Traditionsfeldern wie Literatur, Bildende Kunst, Musik oder Theater zu versprachlichen und wie auch immer gearteten Analysen zuzuführen. Aber sonst?

Grundsätzlich ließe sich dieser Befund auch anders herleiten und behaupten, dass es sich eigentlich gar nicht um einen Rückzug handelt, auch kein Bedeutungs- oder Reichweitenverlust eines vormals privilegierten Vokabulars vorliegt, sondern dass wir es lediglich mit einem Effekt von dessen Allgegenwart zu tun haben. Aus dieser Perspektive hat sich Ästhetik einfach nur zu Tode gesiegt. Kann passieren, zumal diskursiv. Insbesondere in Konsumgesellschaften, in denen rund um die Uhr attraktive Produkte aufgetischt und beworben werden müssen. Man solle sich deshalb keine Sorgen machen (wenn man sich welche machte), einfach jargonkompatibel von »Postästhetik« sprechen und fürs Erste über die relative Unbeobachtbarkeit ubiquitärer Phänomene nachdenken. Wir hätten es also – auf der Phänomenseite wie in diskursiver Hinsicht – eher mit einer vollumfänglichen Veralltäglichung des Ästhetischen zu tun.

Mit Blick auf eine Vielzahl lebensweltlicher Vollzüge mag das vielleicht sogar intuitiv einleuchten. Jedenfalls gehen ästhetische Investments über das klassische konsumästhetische Produktdesign und anhängige werbeästhetische Adressierungen längst weit hinaus. So ist, wo digitale Interfaces Endnutzerinnen involvieren, praktisch jedes Kommunikat, jede Transaktion irgendwie ästhetisch gestaltet, behandelt, beeinflusst. Die Nutzungsangebote des Digitalen erscheinen gerade auf der Ebene alltäglichen Interagierens und Navigierens stets medienästhetisch kalkuliert. Immer mehr Handlungen sind – als soziotechnisch verfasste – immer kleinteiliger ästhetisch vermittelt. Das unterschätzen Theorien, die sich ausschließlich auf die prinzipielle Unanschaulichkeit von Datafizierung und Metrifizierung kaprizieren. Aber wie dem auch sei: Haben wir nicht ohnehin andere Sorgen als Ästhetik?

Allerdings, aber dennoch ist die ideengeschichtlich hergeleitete Mobilisierung ästhetischer Begriffe und Denkfiguren möglicherweise weiterhin produktiv, analytisch und interventionistisch, lautet die Antwort von Matthew Fuller und Eyal Weizman in *Investigative Aesthetics*.[1] Einerseits reflektiert das vergangenen Herbst erschienene Buch die weithin gewürdigte investigativ-aktivistische Praxis der künstlerischen Forschungsagentur Forensic Architecture, die Eyal Weizman, der am Londoner Goldsmith College auf einer Professur für Spatial and Visual Cultures lehrt, 2010 mitbegründet hat. Personell divers zusammengesetzt aus einer langen Liste von Wissenschaftlerinnen, Journalisten, Architekten, Künstlerinnen, Informatikern, Software-Designerinnen, Anwälten zielen die »gegenforensischen«[2] Investigationen der vielfach ausgezeichneten und in jeder Hinsicht exzellent vernetzten Artistic-Research-Gruppe in erster Linie auf zivilgesellschaftlich motivierte Ermittlungen zu kriminellen Handlungen vorwiegend staatlicher oder staatsnaher Akteure.

Ein Blick auf die Webplattform von Forensic Architecture zeigt das eindrucksvolle Spektrum an Fallstudien: von systemisch-rassistischer Polizeibrutalität in den USA über Kriegsverbrechen im Nahen Osten, Afghanistan und Pakistan bis zu täglich stattfindenden Menschenrechtsverletzungen durch »pushbacks« an den Außengrenzen der Europäischen Union. Der zentrale Output der datenintensiven, auf Leaks, Open Source Intelligence (OSINT) und profunder digitaltechnischer Expertise basierenden Recherchen – darunter Kooperationen mit NGOs oder verwandten Initiativen wie Bellingcat – besteht in skrupulös dokumentierten Videos, die aus unterschiedlichsten Quellen zusammengetragene Evidenzen entfalten.

Der angewandte digitale Werkzeugkasten ist bemerkenswert avanciert: So kommen virtuelle 3D-Modellierungen und Photogrammetrie-Software genauso zum Einsatz wie auch KI-Techniken maschineller Bilddatenauswertung. Rund achtzig Projekte stehen bislang zu Buche, verteilt über den ganzen Globus: von Quiché (Guatemala), Saidnaya (Syrien), Karat-

1 Matthew Fuller/Eyal Weizman, *Investigative Aesthetics. Conflicts and Commons in the Politics of Truth*. London: Verso 2021.

2 Vgl. Simon Rothöhler, *Medien der Forensik*. Bielefeld: transcript 2021.

schi (Pakistan) bis zu Ilowajsk *(The Battle of Ilovaisk: Verifying Russian Military Presence in Eastern Ukraine)*, Chicago *(The Killing of Harith Augustus)*, Kassel *(The Murder of Halit Yozgat)* und Hanau *(Racist Terror Attack in Hanau: The Arena Bar)*.[3]

Forensische Ästhetik und das Elend der Kritik

Die stets mitlaufende theoretische Reflexion der investigativen Praktiken als dezidiert ästhetische gehörte von Beginn an zum Selbstverständnis von Forensic Architecture. Und das nicht nur aufgrund einer unbestrittenen Nähe zu aktuellen Artistic-Research-Großtrends. So wird in dem immer noch sehr lesenswerten Essay *Mengele's Skull*, den Weizman mit Thomas Keenan verfasst hat, ein aisthetischer Begriff der Forensik entwickelt, der von einer etymologischen Spur ausgeht: dem lateinischen *forensis*, »zum Forum gehörend«. Bezeichnet ist damit zunächst ganz unmittelbar der Marktplatz, der im antiken Rom eine öffentliche Bühne für Gerichtsverfahren, Urteilsverkündungen und auch Strafvollzüge war. Dort, auf dem Forum, wird juridische Wahrnehmbarkeit erzeugt, fallbezogene Sichtbarkeit verteilt, können zu Urteilen führende Fakten »gemacht« werden. In den Worten der Autoren klingt das so: »Aesthetics, as the judgments of the senses, is what rearranges the field of options and their perceived likelihood and cuts through probability's economy of calculation [...] Decision in law and in politics, if it is worthy of its name, cannot but be undertaken in excess of calculation; otherwise, judgment is simply a mechanical operation [...] Decision relies on aesthetic operations – that is, on the way and order by which things and events appear to us.«[4] Entscheidungsfindung und Urteilskraft sind demzufolge an Fragen der Wahrnehmbarkeit gebunden, die als solche unkalkulierbar sein soll. Die Ästhetik der Forensik bezeichnet in diesem Zusammenhang also zunächst die aisthetischen Modalitäten des Erscheinenlassens von Evidenzmaterialien, die auf dem Forum, dem »forensischen Schauplatz« (Cornelia Vismann), einen Unterschied machen können.

Dass es auf dem Forum um ästhetische Prozesse und Praktiken geht, ergibt sich so gesehen allein schon aus der Tatsache, dass die Ereignisse und Handlungen, die Gegenstand der Verhandlung werden, auf die sich Verfahren und Urteile beziehen, in der Vergangenheit liegen, aktuell nicht (mehr) unvermittelt wahrnehmbar, mithin historisch sind. Es handelt sich also zunächst um Wahrnehmungsvorgänge der Evokation und Vergegenwärtigung, Sichtbarmachung und Re-Präsentation.

3 https://forensic-architecture.org

4 Thomas Keenan/Eyal Weizman, *Mengele's Skull. The Advent of a Forensic Aesthetics*. Berlin: Sternberg Press/Portikus 2012: »Die Ästhetik, als Urteil der Sinne, ist es, die das Feld der Möglichkeiten und ihrer wahrgenommenen Wahrscheinlichkeit neu ordnet und die ökonomischen Wahrscheinlichkeitskalküle durchschneidet [...] Entscheidung im Recht und in der Politik, wenn sie ihres Namens würdig ist, kann nur im Überschreiten des Kalküls erfolgen; andernfalls ist das Urteil nur eine mechanische Operation [...] Entscheidung stützt sich auf ästhetische Operationen, das heißt auf die Art und Ordnung, in der uns die Dinge und Ereignisse erscheinen.«

Dabei sind die ästhetischen Praktiken der Forensik zugleich epistemische – mit Blick auf die investigative Sichtung, Identifizierung, Auswahl, Zusammenstellung von Evidenzmaterial, das an Tatorten gesichert und in Laboren mitunter mikroskopisch untersucht wird, aber auch bezüglich der skizzierten forenöffentlichen Mobilisierung. Letzteres, die Herstellung von Foren für Evidenzen, ist aus dieser Perspektive also nicht nachrangig, sondern integral. Grundsätzlich bezieht sich der Begriff »Ästhetik« in diesem Kontext somit auf medienästhetische Prozesse, wie Weizman im manifestartigen Methodenbuch der Gruppe betont hat.[5]

In *Investigative Aesthetics* wird das aisthetische Argument nun ausgeweitet und kompliziert. Auch Ästhetisierung kommt wieder ins Spiel. Hintergrund ist aber zunächst eine verschärfte Krisendiagnose. Forensic Architecture sei, wie Eyal Weizman in einem Beitrag für das Magazin *e-flux* zwischenbilanzierte, vor über einer Dekade als antihegemoniales, linksemanzipatorisches Projekt gestartet. So versteht sich Gegenforensik in erster Linie als kritisch-subversives Monitoring von »institutional authority« und positionierte sich mit großer Selbstverständlichkeit gegen staatliche Einrichtungen, Apparate, Akteure. Rubrizierbar unter dem Label »Post-Truth« hat in den letzten Jahren jedoch eine weitere Form der Kritik institutioneller Autoritäten an kultureller Dynamik gewonnen: »We do not yet have a satisfactory name for the new reactionary forces – a combination of digital racism, ultra-nationalism, self-victimhood, and conspiracism.«[6]

Eine Folge davon ist, dass mitunter der Eindruck entstehen kann, Kritik habe irgendwie die Seite gewechselt. Der Befund selbst ist nicht neu. So hat Bruno Latour bereits 2004, in Reaktion auf weithin zirkulierende 9/11-Verschwörungstheorien, von der befremdlichen Verbreitung eines »Instant-Revisionismus« gesprochen: »Was ist aus der Kritik geworden, wenn mein Nachbar in dem kleinen Dorf im Bourbonnais, in dem ich lebe, als hoffnungsloser Naivling auf mich herabsieht, weil ich glaube, dass die Vereinigten Staaten von Terroristen attackiert worden sind? Wie schön war doch die Zeit, als Universitätsprofessoren auf einfache Leute herabsahen, weil diese Hinterwäldler naiv an Kirche, Mutterschaft, Apfelkuchen glauben konnten.«[7]

Dass wir seitdem eine nicht wirklich nachlassende Konjunktur an »alternativen Fakten« und »Halbwahrheiten« beobachten können,[8] die von »Pizzagate« über »Bevölkerungsaustausch« bis zu den jüngsten staats- und wissenschaftsskeptischen Desinformationskampagnen des »Querdenkertums« reicht und sich zuletzt vermehrt gegen universitäre Wissensinstitutionen richtete, hat Eva Horn prägnant auf die Figur des »Besserwissens« ge-

5 Eyal Weizman, *Forensic Architecture. Violence at the Threshold of Detectability*. New York: Zone Books 2017.

6 Eyal Weizman, *Open Verification*. In: *e-flux Architecture* vom 18. Juni 2019 (www.e-flux.com/architecture/becoming-digital/248062/open-verification).

7 Bruno Latour, *Das Elend der Kritik. Vom Krieg um Fakten zu Dingen von Belang* [2004]. Aus dem Französischen von Heinz Jatho. Zürich: diaphanes 2007.

8 Nicola Gess, *Halbwahrheiten. Zur Manipulation von Wirklichkeit*. Berlin: Matthes & Seitz 2021.

bracht: »eine sehr spezifische Denkweise, eine Mischung aus Misstrauen und Gutgläubigkeit, kritischem Geist und eitlem Bluff. Es besteht aus dem grundlegenden Impetus, etwas *anders zu sehen*, eine *andere* Geschichte zu erzählen, *andere* Erklärungen zu finden. Was die Besserwisser besser wissen, ist also immer parasitär auf das Wissen bezogen, das bereits vorliegt. Dieses Wissen wird kritisiert, aber auf einer anderen, sozusagen ›alternativen‹ Ebene.«[9]

Dass Besserwisser nur über »Wissen« verfügen, das eigentlich keines ist, sondern bestenfalls eine parasitäre, zuweilen parodistisch anmutende Schwundstufe, lässt sich zwar in den allermeisten Fällen leicht nachweisen. Das Problem ist: Es sind ziemlich viele Fälle. Dabei folgt die unablässig über zig Parallelkanäle strömende »kritische« Hinterfragung zuverlässig einer stets baugleichen Rhetorik, deren ausgestellte Skepsis erkennbar nicht auf sich selbst Anwendung findet. Es handelt sich um eine Taktik – in vielen Fällen auch: um eine identitäre »Theoriegemeinschaft« –,[10] die ohne Gegnerschaft nicht funktionieren würde. Was diese nicht ist: eine empirische Methode.

Stattdessen wird mit Dekontextualisierung und Entrahmung, mit der Überbetonung nachrangiger Details und der Ausblendung anderweitig existierender Wissensstände gearbeitet, die mit den konspirativ-besserwisserischen Narrativen inkompatibel sind. PLURV lautet die dazugehörige Formel: Pseudoexperten, Logikfehler, Unerfüllbare Erwartungen, Rosinenpickerei und Verschwörungsmythen. Für »die Wissenschaft« ist es aber allein in zeitökonomischer Hinsicht völlig unmöglich, in all diese sich überdies abschottenden Kommunikationsverhältnisse zu intervenieren. Wissenstransfer ist nicht derart skalierbar. Zudem hat nicht jede Disziplin ein wissenschaftskommunikatives Naturtalent wie Christian Drosten in petto.

Deshalb floriert das von allen methodischen Standards und Korrektiven befreite »alternative Wissen« am besten in tendenziell hermetischen Teilöffentlichkeiten. In der intellektuellen Schlichtheit und Kenntnislosigkeit besserwisserischer Skripte liegt deren kommunikative Effektivität. Den Rest erledigt eine wachsende medientechnische Unerreichbarkeit, umgesetzt durch die kumulativen Echokammereffekte digitaler Plattformen und Messenger-Dienste. Dort kann die strukturelle Borniertheit von Gruppengesprächen, die eigentlich Monologe sind, nicht nur ungestört, sondern auch sich selbst verstärkend regieren.

Die dabei ausagierte Hermeneutik des Generalverdachts ist problemlos skalierbar, leicht nachzuahmen, jederzeit aufwandlos anwendbar – und erspart ihren Anhängerinnen und Anwendern die mühselige, Geduld und Expertise erfordernde Erarbeitung von tatsächlichem, methodisch-reflexivem Sachverstand. Die oft belächelte Denkfaulheit und Einfalt, der sture Konformismus konspirativen Besserwissens, ist so gesehen ein Wettbe-

9 Eva Horn, *Über alternative Fakten, Wissenschaftsskepsis und Verschwörungsdenken*. In: *Deutschlandfunk* vom 7. Februar 2021 (www.deutschlandfunk.de/coronakrise-ueber-alternative-fakten-wissenschaftsskepsis-100.html).

10 Benjamin Peters, *Vorsicht vor der Theorie der Verschwörungstheorie*. In: *zfm Zeitschrift für Medienwissenschaft*, Nr. 19, Februar 2018.

werbsvorteil. Wer den Aluhut auf hat, hat keine Mühe mehr, sich in der Welt zu orientieren. Plötzlich diese Übersicht, weil: Bill Gates, George Soros, die da oben oder Danke Merkel.

Vor diesem Hintergrund geht es Desinformationskampagnen weniger darum, »alternative Fakten« schlüssig und nachhaltig zu plausibilisieren, als um die Miterzeugung jener Form informationeller Überlastung, auf die nicht unerhebliche Teile der Bevölkerung offenbar nur noch mit entlastendem Besserwissen reagieren können. Last exit Telegram: Welches Regime braucht bei dem ganzen autoreferentiellen *noise* noch klassische Propaganda und Zensur?[11]

Je mehr Rauschvolumen zirkuliert, je unübersichtlicher sich der (des)informationelle Overload anfühlt, desto schwieriger wird es, überhaupt noch Signale herausfiltern zu können, nachprüfbare Evidenzen von Halbwahrheiten, Lügen, Propaganda, Idiotien zu unterscheiden. Eyal Weizman spricht (in *Open Verification*) mit Blick auf die beabsichtigte Destabilisierung bewährter Institutionen, Methoden und Standards evidenzbasierter Wissenserzeugung von einer »dunklen Epistemologie«: »The defining characteristics of our era might thus not be an extraordinary dissemination of untruths, but rather, ongoing attacks against the institutional authorities that buttress facts: government experts, universities, science laboratories, mainstream media, and the judiciary.«[12]

Wie nun verteidigt man die für jedwede wissenschaftliche Validierung von Wissen weiterhin erforderlichen Kritikformen gegenüber den als Kritik getarnten Zersetzungs- und Vernebelungsstrategien landläufiger Verschwörungsdenker und Besserwisser? Jedenfalls nicht, indem tradierte institutionelle Wissens- und Wahrheitspraktiken ihrerseits kritiklos übernommen werden, heißt es in *Investigative Aesthetics*. Einerseits weisen Fuller / Weizman Latours implizite Annahme zurück, derzufolge vor- oder pseudokritische Kritik, die Proliferation scheinkritischer Gesten von beispielsweise Verschwörungsdenkern, eine Folge des zwischenzeitlichen akademischen Siegeszugs poststrukturalistischer Wissens- und Machtkritik seien. Zum einen dürfte diese Verbindung oder gar Kausalität die Relevanz von Theoriemoden weit überschätzen – und überdies empirisch kaum nachweisbar sein, dass wir Attila Hildmanns Rezepturen Derri-

11 Weil einem im Moment – Stand Anfang März 2022 – vor allem die gegenwärtige Situation in Russland als mögliche Antwort einfällt: Dass Putins Regime, das in den letzten Jahren überaus erfolgreiche digitale Desinformationskampagnen und gleichsam stilbildende Trollfarmen unterhielt, im Zuge des Angriffskriegs auf die Ukraine mit eher traditionell anmutenden Methoden autoritärer Informationsverknappung agiert – großflächige Internetblockaden, Verbot unabhängiger Medien, hochredundante Staatsmedienpropaganda etc. –, kann insofern als weiterer Beleg für den generellen Anachronismus seiner retro-imperialen Denkweise verstanden werden.

12 Eyal Weizman, *Open Verification*: »Die charakteristischen Merkmale unserer Zeit sind also nicht die außergewöhnliche Verbreitung von Unwahrheiten, sondern die ständigen Angriffe auf die institutionellen Autoritäten, die Fakten stützen: Regierungsexperten, Universitäten, wissenschaftliche Labore, Mainstream-Medien und die Justiz.«

das Kochbüchern oder einem unterstellten sozialen Konstruktivismus verdanken.

Und grundsätzlich seien, schreiben Fuller/Weizman, gerade auch jene differenziert eingeübten Spielarten der Wissens- und Machtkritik methodologisch zwar vielleicht nicht mehr taufrisch, aber weiterhin unverzichtbar, insbesondere für die traditionsreichen, zuletzt vermehrt attackierten Wissensinstitutionen selbst: »The university is, of course, not only an authority-giving framework, but also based on the disciplinary logic of the division of knowledge and the budgetary silos, citation wells and rivalries that go with it. Such a structure is itself a legacy of modernisation with its entanglement with empire and colonisation.« Die damit eingehandelte doppelte Abgrenzungserfordernis müsse man, wolle man nicht hinter kritische Mindeststandards der Selbstaufklärung zurückfallen, folglich aushalten – und nach einem neuen, »rigorous, collective and diverse set of truth practices« suchen.[13]

Investigation als ästhetische Praxis

Womit wir wieder bei der Ästhetik wären. Bemerkenswert an dem skizzierten aisthetisch ausgedeuteten Verständnis von Ästhetik sind dabei weniger die etwas pflichtschuldig eingestreuten philosophiegeschichtlichen Referenzen. Interessanter ist der Versuch, die informationstechnisch-infrastrukturellen Voraussetzungen gegenwärtiger Verhältnisse konsequent medienästhetisch zu konzeptualisieren. Denn wenn es aisthetischen Ansätzen nicht um Kunst, ausdrücklich auch nicht um »beautification« oder sonstige ästhetische Scheinhaftigkeiten geht, sondern sehr viel basaler um Wahrnehmungsprozesse und die Verteilung von Sichtbarkeit als Vorgänge sozialer Selbstvermittlung und Vergesellschaftung, stellt sich mit Blick auf die Gegenwart in der Tat die Frage nach den technischen Bedingungen dieses aufeinander bezogenen »sensing and sense-making«.

Gemeint ist bei Fuller/Weizman damit Folgendes: »This entails modes of knowledge production, of figuring things out. Sensing is thus only a part of the more complex question of sense-making. The former is the result of the receptive action of a sensory organ, a material or a system. The latter involves experience and understanding of what is being sensed, a perception and conception, or a world view, if you like.«[14] Wissen und Ästhetik sind demzufolge grundlegend verschaltet, weil einerseits sinnliche Wahrnehmungen sich nicht in kognitionsfreien Räumen des Nichtwissens, also gleichsam voraussetzungslos ereignen. Und weil andererseits

13 Fuller/Weizman, *Investigative Aesthetics*: »Die Universität ist natürlich nicht nur ein Rahmen, der Autorität verleiht, sondern basiert auch auf der disziplinären Logik der Wissensaufteilung und den damit verbundenen budgetären Silos, Zitierquellen und Rivalitäten. Eine solche Struktur ist selbst ein Erbe der Modernisierung und von deren imperialen und kolonialen Verflechtungen.«

14 »Es geht um Formen der Wissensproduktion, um das Herausfinden von Dingen. Sinnliches Wahrnehmen ist also nur ein Teil der komplexeren Frage von Sinngebung. Ersteres ist das Ergebnis der rezeptiven Tätigkeit eines Sinnesorgans, eines Materials oder eines Systems. Letzteres beinhaltet Erfahrung und ein Verständnis dessen, was wahrgenommen wird, eine Wahrnehmung und eine Vorstellung oder eine Weltanschauung, wenn man so will.«

Wissen ohne empirische Erfahrungs- und Wahrnehmungsanteile nur bedingt vorstellbar ist.

Dass Ästhetik zudem weder auf menschliches Wahrnehmen reduzierbar noch als gleichsam neutraler Vorgang bloßer Datenregistratur verstehbar ist, sondern immer gewisse Prozesse der Datenverarbeitung enthält, führt bei Fuller/Weizman nicht nur zur Integration der Wahrnehmungs- und Registraturleistungen nichtmenschlicher Organismen.[15] Zentral wird vielmehr die Frage, wie denn das *sense-making* technischer Wahrnehmungsagenten – exemplarisch genannt werden vor allem unterschiedlichste feinmaschig in heutige Alltagswelten eingelassene digitale Sensoren – aisthetisch aufzufassen wäre.

Denn deren »making sense of what is sensed« ist in die Infrastruktur immer mehr gesellschaftlicher Teilsysteme eingebaut. Entstanden ist ein komplexes soziotechnisches Geflecht: Menschen programmieren »senso-algorithmische Systeme« (Florian Sprenger), deren Automatismen strukturgebend und steuernd wirken, Routinen und Pfadabhängigkeiten schaffen. Das betrifft alltägliche Kommunikate und Transaktionen, aber auch großtechnisch verteilte Systeme, die etwa Grenzen überwachen, Verkehrsführung takten, Computernetzwerke in Betrieb halten. Und es beinhaltet nicht zuletzt auch die unzähligen, immer feinkörniger werdenden Perzeptionsvorgänge des sogenannten Internets der Dinge, das beispielsweise unser smartes Haus fernsteuert und etwa die »Lichtstimmung« von Innenräumen aufs Behaglichste reguliert.

Überall findet medientechnisch vermitteltes Wahrnehmen statt, werden sensorisch eingespeiste Perzeptionsdaten nicht einfach registriert, sondern im Moment der Registratur zugleich prozessiert. Allein schon, weil informationstechnische Speicher- und Formatierungsvorgänge weder verarbeitungsfrei noch neutral sind.[16] Schon über die basalen Verarbeitungsvorgänge des Einschreibens in Datenbanken werden Handlungsräume strukturiert – manche eröffnet, andere geschlossen. Anschlüsse, Verbindungen, Kompatibilitäten entstehen, aber auch Barrieren. Viele dieser Prozesse sind völlig unanschaulich und unzugänglich. Und überwiegend haben wir es, was die Transparenzaussichten nicht gerade erhöht, mit proprietären Datenströmen zu tun, die Unternehmen gehören und in gut abgedichteten Black Boxen ihrer Durchmusterung entgegensehen. Dunkel wird es der Epistemologie, zumal der kultur- und geisteswissenschaftlichen, gerade auch hier.

Wenn dem so ist: Was bedeutet das ästhetisch? Zunächst einmal ändert die Technizität dieser komplexen Verdatungsvorgänge nichts an ihrer Ästhetizität, sagen Fuller/Weizman: »Whenever [...] sensing and sense-making is involved [...] a manifestation of aesthetics is inevitably in operation. Producing and sieving through multidimensional data is an aes-

15 Dieser medienökologischen Perspektive geht (bis zu botanischen Modi des Registrierens und Prozessierens und der Film-Ästhetik von Ölteppichen) Susan Schuppli nach in: *Material Witness. Media, Forensics, Evidence*. Cambridge/Mass.: MIT Press 2020.

16 Vgl. Hartmut Winkler, *Prozessieren. Die dritte, vernachlässigte Medienfunktion*. Paderborn: Fink 2015.

thetic act.«[17] Im Anschluss an diese weit ausgreifende Hypothese schlagen die Autoren zunächst zwei Konzepte vor und entwickeln dann eine Reflexionsfigur von Investigation als ästhetischer Praxis.

Das erste Konzept greift mit dem Begriff »Ästhetisierung« einen alten Bekannten auf. Darunter verstehen Fuller/Weizman aber nicht jene manipulative Überstülpung von Wirklichkeit, die ein Dauerbrenner kulturpessimistischer Medienkritik war und Ästhetik eigentlich nur in Form von Ressentiment begegnet. Es geht auch nichts verloren, schon gar nicht die sogenannte Wirklichkeit. Vielmehr geht es um Modalitäten der Erweiterung, Vertiefung, Kombination von Wahrnehmungsprozessen, die zwischen menschlichen und nichtmenschlichen Akteuren verteilt und dabei »hyperästhetische« werden. Vorgestellt wird, anders gesagt, eine Art revisionsoffener Kooperation menschlicher und nichtmenschlicher Perzeptionsvorgänge.

Aber der notorische medieninduzierte Wirklichkeitsverlust taucht unter neuem Namen (»anaesthetisation«) doch wieder auf: als Umschlag ins Gegenteil epistemisch begrüßenswerter Ästhetisierung. Mit diesem zweiten Begriff angesprochen sind Momente, in denen ästhetische Vorgänge in quantitativer Hinsicht zwar weiter zunehmen, aber vom *sense-making* teilweise abgekoppelt werden. Übrig bleibt eine Rudimentform von Ästhetik, ein aus dem Ruder laufendes, nicht mehr verstehbares, dafür aber politisch umso einfacher instrumentalisierbares *sensing*: »This danger zone of information overload is a crucial condition of aesthetic politics.«

Mehr Wahrnehmungsdaten heißt insofern nicht unbedingt mehr (oder umso besser für) Ästhetik. Im Normalfall, man denke an die multisensorischen Kontroll- und Überwachungssysteme smarter Eigenheime oder an die automatisch aggregierte visuelle Kultur von Social-Media-Plattformen, entsteht eine nun doch fast ausschließlich technisch vor sich hin prozessierende Big-Data-Ästhetik.[18] Wissen entsteht dabei nicht, bestenfalls werden Muster erkannt. Jenseits dieser bleibt relativistischer *noise*: Wahrnehmung neben Wahrnehmung, Meinungen neben Meinungen, viel Datenbewegung und Datensammeln, aber kein evidenzbasiertes Wissen. Ein ideales Umfeld für unbegründetes Besserwissen, Verschwörungsdenken, Desinformationskampagnen autoritärer Regime.

Das von Fuller/Weizman entfaltete Verständnis investigativer Ästhetik reagiert auf diese Konstellation, in der technopolitische Automatismen »anästhetisierend« wirken, Perzeption zwar irgendwie ungebremst weiterläuft, aber taub, verständnislos, unkommunikabel wird. Eine Art posthumane Wahrnehmungseskalation, in der sensorisch-informationeller Overload durch sein Volumen fundamen-

17 Fuller/Weizman, *Investigative Aesthetics*: »Wann immer [...] es um sinnliches Wahrnehmen und Sinngebung geht [...], ist unweigerlich eine Manifestation von Ästhetik im Spiel. Das Produzieren und Durchsieben mehrdimensionaler Daten ist ein ästhetischer Akt.«

18 Adrian MacKenzie und Anna Munster diskutieren diese hintergründig ablaufenden Prozesse – unter dem Stichwort »platform seeing« – wiederum dezidiert aisthetisch: Adrian MacKenzie/Anna Munster, *Platform Seeing: Image Ensembles and Their Invisualities*. In: *Theory, Culture & Society*, Nr. 36/5, 2019.

tal unübersetzbar, unkontrollierbar wird. Ästhetisch produktiv ist dieser Zustand weitgehender Anschlusslosigkeit erkennbar nicht. Aber dennoch liegt er, argumentieren Fuller/Weizman, nicht außerhalb des Zuständigkeitsbereichs der Ästhetik.

Denn zum einen ist für die Autoren gerade die kritische Investigation von Medientechnik eine fundamental ästhetische Praxis. Das beginnt bei naheliegenden Beispielen wie einfachen Datenvisualisierungen, die informationstechnische Zustände diagrammatisch-bildästhetisch übersetzen, verdichten, anders wahrnehmbar und anschlussfähig werden lassen.

Gemeint sind aber auch selbstreflexive Formen gleichsam meta-ästhetischer Introspektion: »a critical examination of the way a digital tool operates, its own aesthetics«. Im Wahrnehmungszusammenhang digitaler Medienkulturen gibt es demnach praktisch keine nichtästhetischen Tools, sondern nur Übersetzungen zwischen zwar nicht völlig distinkten, aber doch unterscheidbaren Medienästhetiken. Bei den wiederum genau darauf gerichteten, damit einsetzenden Investigationen kann es sich beispielsweise um verzerrende Voreinstellungen algorithmischer Systeme handeln, die Wahrnehmungsweisen ganzer Gesellschaften infrastrukturieren und hierarchisieren. Dass die mit diesem algorithmischen *bias* verbundenen Effekte der Diskriminierung und des Ausschließens nicht zuletzt mit der Zusammenstellung digitaler Trainingsdatensätze zu tun haben, die wiederum vorwiegend aus Bilddaten bestehen, also ohnehin ästhetisch operieren,[19] wurde zuletzt, im Kontext der Kritik maschinellen Sehens, denn auch als »perceptual bias« diskutiert.[20]

Das klingt einerseits nach Grundlagenforschung, eher theoretisch, wenig konkret. Auf welche Weise die erforderliche medienästhetische Analytik mit Blick auf konkrete gesellschaftliche Konfliktzonen gleichwohl produktiv gemacht werden kann, zeigen beispielsweise jüngere Forensic-Architecture-Arbeiten wie *Model Zoo*: ein maschinell »selbstlernendes« Computer-Vision-Programm, das helfen soll, die sozialmedialen Bildmassen nach bestimmten Tränengaskanistern zu durchsuchen, die US-amerikanische Polizeieinheiten illegalerweise gegen Black-Lives-Matter-Demonstranten einzusetzen pflegen.[21] Klar ist, unter den Bedingungen digitaler Medienkulturen müssen Open-Source-Intelligence-Ansätze gerade auch mit dem Volumen und dem Echtzeitcharakter aktueller Wahrnehmungsdatenströme umzugehen wissen. Ohne algorithmische Teilautomatisierung drohen Investigationen selbst anästhetisiert zu werden – bevor sie auch nur beginnen können, validierungsfähiges Ermittlungswissen zu generieren.

Für ästhetische Investigationen braucht es avancierte medienästhetische Tools, die ihrerseits reflexiv, also aisthetisch transparent und kritisierbar gemacht werden müssen. Auch dafür haben Fuller/Weiz-

19 Ein hochinteressanter jüngerer Beitrag zur Medienarchäologie von Trainingsdaten der KI-Forschung untersucht dies am Beispiel des »Lena-Image«, das 1972 einer Ausgabe des *Playboy* entnommen wurde: Dylan Mulvin, *Proxies. The Cultural Work of Standing In*. Cambridge/Mass.: MIT Press 2021.

20 Peter Bell/Fabian Offert, *Perceptual bias and technical metapictures: critical machine vision as a humanities challenge*. In: *AI & Society*, Nr. 36/8, Dezember 2021.

21 forensic-architecture.org/investigation/model-zoo.

mann, nie um eine griffige Formel verlegen, einen Begriff: »open verification«. Dabei argumentieren sie zum einen für Open Data und Open-Source-Tools. Zum anderen soll in einer systematischen Offenlegung der Erkenntnismittel und Erkenntniswege – darin gründet die mitunter fast didaktisch anmutende How-To-Ästhetik vieler Forensic-Architecture-Projekte – aber auch eine mögliche Verteidigungslinie gegen die wissensrelativierenden Dynamiken des Post-Truth-Zeitalters liegen. Denn dessen Protagonisten behaupten zwar immerzu, tun sich aber mit Formen des Begründens schwer, die keine selbstreferentielle Binnenkommunikationen sind, also eigentlich Selbstgespräche.

Gefordert wird zudem eine weitreichende Deinstitutionalisierung: ein »sozialer Kontrakt«, die Vergesellschaftung eines handhabbaren, niedrigschwellig erreichbaren digitalen Werkzeugkastens. Am Horizont stehen investigative Commons, eine nachhaltig ermächtigte, aisthetisch selbstaufgeklärte, engagierte Zivilgesellschaft. Ein ermutigendes Beispiel für deren Entstehung, für die epistemische Reichweite investigativer Medienästhetik als Praxis, ist die kollektive Arbeit von Eliot Higgins' Recherchenetzwerk Bellingcat, das vor allem durch OSINT-Investigationen zum Giftanschlag auf Sergei Skripal und zum Abschuss des Passagierflugzeugs MH17 bekannt geworden ist.[22] Seit Beginn des russischen Angriffskriegs auf die Ukraine leistet das Netzwerk unter schwierigsten Bedingungen herausragende Arbeit bei der digitalästhetisch umgesetzten Geolokalisierung und Verifizierung von Bildmaterial, das von der sich verteidigenden ukrainischen Gesellschaft über Social-Media-Plattformen verteilt wird.

Fakes stoppt man nicht allein durch den kursorischen Hinweis auf institutionell garantierte Fakten, sondern eher mit dem gegebenenfalls kleinteiligen Nachweis ihrer Gewinnung, also durch Daten- und Methodentransparenz. Dazu gehört ästhetische Urteilskraft – und Kritik: der skeptische Hinweis auf Wissensentstehungsgeschichten, Standortwandel, offene Fragen, Bias und Wissenslücken. Aber Kritik soll nicht nur – darin treffen sich Fuller / Weizman doch wieder mit Latour – hinterfragen, durchleuchten, entlarven, subtrahieren, Repräsentations- und Bedeutungsschichten abtragen, sondern idealerweise auch investigative Erkenntnis herstellen und hinzufügen, Wissen »versammeln« und »behüten«, wie es bei Latour heißt.

Insofern zielt das vorgestellte Modell ästhetischer Investigation auf die Regenerierung kritischer Ressourcen, die neu ermitteltes Wissen situieren und per »offener Verifizierung« gesellschaftsweit zur Verfügung stellen können. Fakten und Evidenzen sind keine überzeitlich gegebenen Essentialien, sondern prozesshaft verflüssigte, widerspruchsoffene Ergebnisse von Investigation. Wahrheit erscheint aus dieser Perspektive als Variable transparenter Verifikationspraktiken. Und weil diese Prozesse wesentlich aisthetische sind, versteht sich *Investigative Aesthetics* tatsächlich als epistemologische Vorarbeit für einen neuen »common sense« – den es allerdings, so die ästhetische Theorie, nur als kollektive Praxis geben kann.

22 Eliot Higgins, *We Are Bellingcat. An Intelligence Agency for the People*. London: Bloomsbury 2021.

Der Romantik-Popanz

Ein Wiedergänger

Von Stefan Matuschek

Von der Romantik auf schiefer Ebene hinab bis zu Hitler: Das Schreckgespenst des romantisch-deutschen Irrationalismus wird derzeit wieder einmal mit großem Gestus mahnend beschworen. Es ist ein leerer Spuk. Denn erstens sind Nationalcharaktere ohnehin nur imaginäre Größen, zweitens ist die Geschichte kein Fatum, dem die Akteure ausgeliefert wären, und drittens ist die Romantik keine typisch deutsche, sondern in ihren ersten Inspirationen eine englische, schottische, deutsche und französische Erscheinung, die sich schnell und in großer Vielfalt und Verschiedenartigkeit über Europa und auch darüber hinaus ausbreitete. Die Verschiedenartigkeiten verliefen dabei nicht entlang der Landesgrenzen, sondern lagen quer dazu. Novalis und Chateaubriand etwa formulierten zur gleichen Zeit und ohne voneinander zu wissen ein sehr ähnlich ästhetisiertes Christentum. E. T. A. Hoffmann war der englischen Schauerromantik enger verbunden als den meisten deutschsprachigen romantischen Autoren seiner Zeit, und er stieß in England und Frankreich zunächst auf eine unvergleichlich größere Resonanz als in Deutschland.

Romantische Impfgegner?

Neu ist die Anrufung der romantischen Irrationalismus-Topoi nicht. Botho Strauß' 1984 erschienener Roman *Der junge Mann* enthält ein »Der Wald« überschriebenes Kapitel, das aus Klischeemotiven der Romantik und in parodistischer Anlehnung an Novalis' allegorische Märchen den deutschen Nationalcharakter vorführen will. Man ist nicht überrascht, darin auch eine Allegorie des Nationalsozialismus zu finden. Sie erscheint als ein Aufmarsch eines nach Berufsständen hierarchisch gegliederten »Volk[s]«, das von einer Führerfigur an seiner Spitze »aus seiner ›Ödnis‹ herausgeführt werden wollte«. Ziellos im Wald herumlaufend, verschlingt sich diese Menschenschlange schließlich Stück für Stück von hinten, bis »nichts mehr übrigblieb als die Führung selbst, hinter ihr aber nur Blut und Zerfall«.

Der jüngste Buchmarkterfolg eines Literaturkritikers, Michael Maars stilgeschmäcklerische Abhandlung über *Das Geheimnis großer Literatur*, bietet zur Romantik nichts anderes als Mäkelei und den Hinweis, dass der Nazi-Ausdruck »Kraft durch Freude« schon bei Hölderlin vorkomme.[1] Sehr knapp, beinahe lakonisch fasst sich der französische Romancier Frédéric Beigbeder, wenn er seinen autobiografisch angelegten *Romantischen Egoisten* in dem tagebuchartigen Roman notieren lässt: »Und ohne Romantik: keine Liebe, kein Hitler.«[2]

Bei Strauß und Beigbeder werden die verwendeten Topoi als solche bewusst. Beide Autoren spielen mit dem zentralen Deutschland-Klischee. Erstaunlich ist,

1 Michael Maar, *Die Schlange im Wolfspelz. Das Geheimnis großer Literatur*. Hamburg: Rowohlt 2020.

2 »Et sans romantisme: ni amour, ni Hitler.« Frédéric Beigbeder, *L'Egoïste romantique*. Paris: Grasset 2005.

dass es trotzdem immer wieder wie neu hervorgeholt wird. Im Winter 2021/22 waren die Zeitungen und andere Medien voll mit Beiträgen, die die im Vergleich zu West-, Nord- und Südeuropa geringeren Impfquoten in den deutschsprachigen Gebieten auf die Romantik zurückführen wollten.[3]

Als Bindeglieder werden ein naives Natürlichkeitsideal und die zugehörige Technik- und (Pharma)Industriefeindschaft angeführt oder konkreter: die medizinische Esoterik. Tatsächlich kann man hier Zusammenhänge sehen. Samuel Hahnemann gründete die Homöopathie auf das Ähnlichkeitsprinzip zwischen den Krankheits- und Arzneimittelsymptomen.[4] Gebraucht er damit nicht genau den »Zauberstab der Analogie«,[5] den Novalis empfiehlt? Und steckt im homöopathischen Prinzip der Potenzierung, das die Verwässerung zur Steigerung umdeutet, nicht dieselbe zahlenskeptische poetische Kreativität, die Novalis in die Verse »Wenn nicht mehr Zahlen und Figuren || Sind Schlüssel aller Kreaturen« gefasst hat? Kann man das Alternative an der alternativen Medizin nicht insgesamt treffend als das Romantische bezeichnen, indem man darunter die analogieselige Ausrichtung auf ein imaginäres Ganzheitsideal versteht?

Wer solche Überlegungen beginnt, wird seinerseits zum Analogiezauberer. Die Problemkontexte der frühromantischen Poetik einerseits und der aktuellen Impfgegner andererseits sind zu verschieden, als dass man die beiden Positionen in einen sachlichen Zusammenhang bringen könnte. Direkt spitzt jedoch der *Zeit*-Feuilletonchef Volker Weidermann die Sache auf Novalis zu: »Aber ja, er ist schuld!«.[6] Die Ursache, argumentiert Weidermann, sei die in Novalis' *Hymnen an die Nacht* zum Ausdruck kommende »Liebe zum Tod«, die »in all ihrer dichterischen Schönheit bis heute ein deutsches Verhängnis« sei. Ich kann nicht entscheiden, ob Weidermann ernsthaft annimmt, dass die Impfgegnerschaft aus einer romantischen Liebe zum Tod herrühre, oder ob das eine hinterhältige Formulierung sein soll, um die Impfverweigerer zu provozieren. (Das zweite erschiene mir schlüssiger.)

Weidermanns Beitrag ist ohnehin nicht an sich, sondern nur als Symptom interessant. Das Romantik-Klischee erklärt nichts, sondern fungiert als Erklärungssurrogat und täuscht damit über das Nichtverstehen hinweg. Die niedrige Impfquote in Deutschland hat höchstwahrscheinlich viele verschiedene Ursachen: die Entspannung im Sommer, die Aufmerksamkeitsverschiebung im Wahlkampf, das Regierungsinterim während der Koaliti-

3 *Ist die deutsche Romantik schuld an der Impfskepsis*? fragte am 27. November 2021 eine Artikelüberschrift der *NZZ*. Und wie viele ähnliche Beiträge in überregionalen und lokalen Zeitungen und Sendeanstalten beantwortete dieser Beitrag sie mit ja. Die Sonderwegsthese ist durch den Impfquotenvergleich plötzlich zurück. *Ursprünge der Impfskepsis. Eine deutsche Besonderheit* war am 20. Dezember 2021 der entsprechende Beitrag in der *taz* überschrieben, wobei die Besonderheit auch hier auf die Romantik zurückgeführt wurde.

4 Samuel Hahnemann, *Organon der rationellen Heilkunde*. Dresden 1810.

5 Novalis, *Werke, Tagebücher und Briefe Friedrich von Hardenbergs*. Bd. 2: *Das philosophisch-theoretische Werk*. Hrsg. v. Hans-Joachim Mähl. München: Hanser 1978.

6 Volker Weidermann, *Aber ja, er ist schuld!* In: *Zeit* vom 30. Dezember 2021.

onsverhandlungen, den Irrtum der Ständigen Impfkommission, was die Dringlichkeit der Booster-Impfung betrifft, fehlende Aufklärungs- und Motivationskampagnen in Fremdsprachen und in einfacher Sprache, fehlende Impfangebote an den Orten, wo die Impfmuffel zahlreich sind, das Kapern des Impfthemas durch die politische Rechte und dessen Verknüpfung mit Politikverdrossenheit, Systemgegnerschaft und Elitenhass, Verschwörungsmythen und Angstpropaganda im Internet. Novalis in diesen Ursachenkatalog mit aufzunehmen oder ihn stellvertretend für die deutsche Romantik zum eigentlich Schuldigen zu erklären, ist einfach nur lächerlich.

Totalitäre Romantik?

Entstanden ist der Romantik-Popanz bei den ersten Versuchen, den Nationalsozialismus zu erklären. Die maßgeblichen Autoren dafür sind Helmuth Plessner, Thomas Mann und Georg Lukács. Plessner brachte die nationalcharakterliche Sonderwegsthese schon 1935 auf, zunächst unter dem abstrakteren Titel *Das Schicksal deutschen Geistes im Ausgang seiner bürgerlichen Epoche*. Nach dem Krieg wurde sein Buch mit prägnanterer Überschrift durchschlagend bekannt: *Die verspätete Nation. Über die politische Verführbarkeit bürgerlichen Geistes.* Auf die Romantik spitzt dann Thomas Mann die deutsche Sonderwegsthese zu,[7] wobei er in entscheidender Weise von einem in Deutschland heute kaum bekannten Buch des Amerikaners Peter Viereck inspiriert wurde: *Metapolitics. From Wagner and the German Romantics to Hitler.*

Viereck, Sohn deutscher Einwanderer, ist meines Wissens der Erste, der den Nationalsozialismus geradlinig aus der deutschen Romantik ableitet. Auch wenn er dabei differenziert und die Vorläuferschaft überzeugend an einzelnen Akteuren (vor allem an dem »Turnvater« Friedrich Ludwig Jahn) aufweisen kann, argumentiert Viereck auf der Basis einer kruden Völkerpsychologie, in der die romantische Innerlichkeit und die totalitäre Konzentrationslagerdiktatur nur zwei Seiten derselben Medaille sind: »The masses worship a prison-camp type of state with fanatic hysteria so long as it saves each of them, as romantic individuals, from his inner mental and emotional anarchy.«[8] Es mag heute erstaunen, dass Vierecks Buch mit solchen Sätzen 1941 in Harvard als Dissertation angenommen wurde. Weniger erstaunlich ist dagegen, dass es bis heute seine Leser findet und kontinuierlich neu aufgelegt wird. Nicht erstaunlich, doch bedauerlich ist die Tatsache, dass Vierecks Buch in aktuellen amerikanischen Hochschullehrbüchern zu Nazideutschland ohne jeden

7 Vgl. Stefan Matuschek, *Perspektivische Amerikanisierung. Thomas Mann, Peter Viereck und die deutsche Romantik*. In: Jens Ewen / Tim Lörke / Regine Zeller (Hrsg.), *Im Schatten des Lindenbaums. Thomas Mann und die Romantik*. Würzburg: Königshausen & Neumann 2016.

8 »Die Massen beten einen Staat, der wie ein Gefangenenlager funktioniert, fanatisch an, solange er jeden einzelnen, als romantisches Individuum, vor der geistigen und emotionalen Anarchie in seinem Inneren bewahrt.« Peter Viereck, *Metapolitics. From Wagner and the German Romantics to Hitler* [1941]. Expanded edition. With a new introduction by the author. London: Routledge 2007.

Kommentar zur weiterführenden Lektüre empfohlen wird.[9]

Thomas Manns Essays und Vorträge trugen die Von-der-Romantik-zu-Hitler-These von Amerika nach Deutschland. Der längste und bekannteste Text, *Deutschland und die Deutschen* von 1945, entspricht weitgehend Vierecks Perspektive, wenn er auch sehr viel feiner formuliert und, seine romantische Herkunft nicht verleugnend, eine eigene Balance aus distanzierter Diagnose und tragischer Selbsterkenntnis hält. Thomas Mann spricht hier als neuer amerikanischer Staatsbürger, der durch diesen Status dem deutsch-romantischen Verhängnis habe entkommen können. In dem Roman *Doktor Faustus*, an dem er zur gleichen Zeit arbeitet, bedient er diese völkerpsychologische Schicksalserzählung ebenfalls, zieht jedoch eine zusätzliche Reflexionsebene ein. Indem er die Entstehung und Herstellung der Erzählung ausführlich mit darstellt und in der Figur Zeitbloms einem deutlich kritisch bewerteten, auf perverse Weise patriotischen inneren Immigranten zuschreibt, lässt der Romanautor (ganz anders als der Essayist und Redner) Thomas Mann erkennen, dass es sich hier um ein imaginär-mythisierendes Deutschlandbild handelt.

Für das sozialistische Deutschland hat Georg Lukács die Romantik-Polemik mit seinem Buch *Die Zerstörung der Vernunft* von 1954 begründet. Dabei spielen die romantische Literatur, Kunst und Musik, auch der Begriff »Romantik« anders als bei Viereck und Thomas Mann gar keine Rolle. Lukács geht es nur um Schelling und den, wie der Autor diagnostiziert, von ihm begründeten philosophischen Irrationalismus. So sagt es auch der später hinzugekommene Untertitel: *Der Weg des Irrationalismus von Schelling zu Hitler*. Die Ableitungsthese ist indes noch undifferenzierter als bei Viereck. Indem die sozialistische Germanistik Schelling pars pro toto für seine Epoche nahm, wirkte Lukács' Buch kanonisch für die pauschale Ablehnung und Verurteilung der Romantik aus marxistischer Warte. Aus dieser Perspektive war die Romantik nun nichts anderes mehr als die Weichenstellung zum Nationalsozialismus. Erst in den 1970er Jahren änderte sich die Perspektive.

So entschieden wie Lukács, aber ausdrücklich und pauschal über *die* Romantik urteilt Victor Klemperer. Sein 1947 erschienenes Buch *LTI (Lingua Tertii Imperii)* ist als Analyse der nationalsozialistischen Sprache bekanntgeworden. Weniger bekannt ist, dass Klemperer bei seiner Suche nach den »Wurzeln« des Übels geradewegs auf die Romantik zugeht: »Ich hatte und habe das ganz bestimmte Wissen um die engste Verbundenheit zwischen Nazismus und deutscher Romantik in mir«, schreibt Klemperer; das eine, heißt es weiter, sei »zwangsläufig« aus dem anderen hervorgegangen.

Der Romantik-Popanz ist im Grunde der düster verkleidete Bruder des vorangehenden Nationalcharakterklischees, das Madame de Staël in *De l'Allemagne* 1813 etabliert hatte: die romantischen Deutschen als Enthusiasten der Innerlichkeit. Thomas Manns Rede *Deutschland und die Deutschen* bringt diesen Zusammenhang auf den Punkt: »Das böse Deutschland ist das fehlgegangene gute«.

9 Vgl. Joseph W. Bendersky, *A Concise History of Nazi Germany*. Lanham: Rowman & Littlefield 2007.

Dass es sich bei dem Versuch, den Nationalsozialismus aus der »Geschichte der deutschen Innerlichkeit« zu erklären, nur um einen Vorzeichenwechsel im Deutungsklischee handelt, sieht er nicht.

Auch die geistesgeschichtliche Literaturforschung vollzieht diesen Vorzeichenwechsel. Der Germanist Fritz Strich stellt seinem in fünf Auflagen fünf Jahrzehnte prägenden Buch *Deutsche Klassik und Romantik oder Vollendung und Unendlichkeit* (zuerst 1922) von 1949 an ein Vorwort voran, das seine Neubewertung der Romantik aus seiner Kriegserfahrung ableitet: »Wenn es damals [1922] eine Aufgabe war, das eigene Recht der Romantik gegenüber der Klassik ins Licht zu stellen, so gestehe ich heute, daß mich die Entwicklung der Geschichte dazu geführt hat, in der deutschen Romantik eine der großen Gefahren zu erkennen, die dann wirklich zu dem über die Welt hereingebrochenen Unheil führten.« Als Jude hätte Strich die Nazizeit nicht überlebt, wäre er nicht schon vor 1933 einem Ruf an die Universität Bern gefolgt. Dass er, der in der völkerpsychologischen Polarisierung von mediterraner Klassik und nordisch-deutscher Romantik denkt, die Romantik nach dem Krieg verurteilt, ist menschlich verständlich. Und doch gilt für ihn wie für die genannten anderen Autoren: Das Romantik-Schreckbild der Kriegs- und Nachkriegszeit hat kaum etwas mit der Romantik, sehr viel jedoch mit der Situation derer zu tun, die es zeichnen.

Stalinistische Abrechnung

Die Protagonisten der Romantik-Verteufelung der jüngeren Zeit heißen Peter Hacks, Marie Rotkopf und Şeyda Kurt. Hacks' Essay *Zur Romantik* wurde nach seiner Erstveröffentlichung 2001 in den Feuilletons der meisten überregionalen Zeitungen besprochen, erschien dann 2003 in der Hacks-Werkausgabe und 2008 als Separatdruck. 2010 brachte ihn der Suhrkamp-Verlag erneut in einer Essay-Sammlung heraus,[10] und 2011 lag der Tagungsband der Peter-Hacks-Gesellschaft vor, der sich unter dem Titel *Peter Hacks und die Romantik* auf diesen Essay fokussierte.[11]

Hacks konstruiert in seinem *Romantik*-Essay zum einen den Verschwörungsmythos, der englische Geheimdienst habe die deutsche Romantik zum Kampf gegen Napoleon gegründet; zum anderen will er die namhaften romantischen Schriftsteller allesamt als Drogenabhängige (Opium!) entlarven. Das geschieht derart eindimensional und mit solch polternden Formulierungen, dass es lächerlich wird und man nichts über die Romantik erfährt, sondern sich nur einem übergeschnappten Polemiker ausgesetzt sieht.

Wer dennoch weiterliest, entdeckt in dem Polemiker einen überzeugten Stalinisten, der die Romantik als Archetyp des abweichenden, dissidentischen, in Hacks' Urteil: zersetzenden Denkens versteht. Das geschieht auf der Basis der marxistischen Geschichtstheorie, der Hacks jedoch die bei Marx nicht vorgesehene Beobachtung hinzufügt, dass es eine Kraft gebe, die der Gesetzmäßigkeit der Geschichte entgegenwirke. Und genau diese Kraft sei die Romantik. Durch ihre ideologische Rückwendung zum vorabsolutis-

10 Peter Hacks, *Die Maßgaben der Kunst*. Berlin: Suhrkamp 2010.

11 Kai Köhler (Hrsg.), *Salpeter im Haus. Peter Hacks und die Romantik*. Berlin: Eulenspiegel 2011.

tischen Ständestaat habe sie das welthistorische Individuum Napoleon und damit die Welthistorie insgesamt aus dem Takt gebracht und den gesetzmäßigen Weg vom Absolutismus über den bürgerlichen Kapitalismus, dann den Sozialismus hin zum Kommunismus vereitelt.

Was das Verständnis der Romantik betrifft, nimmt Hacks dieselbe Abwehrhaltung ein, mit der bereits vor zwei Jahrhunderten die Klassizisten gegen die Romantiker wetterten: Diese seien nichts als willkürliche Abweichler von den objektiv gültigen Normen. Wie der dogmatischste Regelpoetiker schmäht Hacks die Romantik als »das Formzertrümmernde«, wobei er sich auf das einschlägige Goethe-Zitat bezieht: »Das Klassische nenne ich das Gesunde und das Romantische das Kranke.« An diesem Satz (aus den *Eckermann-Gesprächen* vom 2. April 1829), sagt Hacks pathetisch, habe Goethe »genau achtzig Jahre gearbeitet«. Dass dieses Goethe-Zitat durch Goethes eigenes Zugehörigkeitsbewusstsein zur Romantik relativiert wird und dass er insgesamt mehr an die typologische Komplementarität als an den Streit von Klassik und Romantik denkt, blendet Hacks ebenso stillschweigend aus, wie es von den 1870ern bis in die 1970er Jahre hinein erst die nationalistische und dann die sozialistische Klassik-Doktrin getan haben.

Die Wurzel allen Übels

Peter Hacks erschien in seinen letzten Jahren zunehmend wie eine anachronistische Stimme aus dem Kalten Krieg. Mit ihr, könnte man meinen, endet insgesamt die Geschichte des Romantik-Popanz. Das ist jedoch nicht der Fall. Im Jahr 2017 wird er erneut ins Leben gerufen, diesmal von der französischen Schriftstellerin Marie Rotkopf, die auf Französisch und Deutsch publiziert und diese Zweisprachigkeit gegen den Trend gerade nicht als deutsch-französische Verbindung und Verständigung praktiziert; im Gegenteil. Ihre Botschaft lautet: »Fremd sein ist unsere Möglichkeit, es ist der Schutz gegen romantische Lügen.«

So steht es in ihrem *Antiromantischen Manifest*. 2018 erschien es in zweiter Auflage und brachte der Autorin viele Interviews in überregionalen Medien und viele Lese- und Podiumsdiskussionsauftritte an Literatur- und Kunsthäusern sowie Universitäten ein. Die Romantik ist für Rotkopf eine große, man kann sogar sagen: die totale und totalitäre Lüge, mit der Deutschland die gesamte gegenwärtige westliche Gesellschaft präge. »Genau das beschäftigt uns«, heißt es am Ende ihres ersten *Manifest*-Kapitels: »Wie die Deutschromantik die Welt angesteckt hat.« Rotkopfs Romantik-Popanz hat Hacks'sches Format.

Ihr *Manifest* besteht aus einer Reihe von Einzeltexten, die schlaglichtartig ein unheilvolles Gesamtbild ausleuchten wollen. Dabei geht es nicht immer explizit um die Romantik. Doch zieht sich der alte Topos vom deutschen Verhängnis durch, insbesondere in dem längsten Text, der die Spuren des Nationalsozialismus in der Künstlerkolonie Worpswede verfolgt. Ein anderer Text rechnet mit der Femen-Bewegung als einer paternalistisch geführten Marionettentruppe ab, weitet sich zu einer Pauschalanklage männlich bestimmter weiblicher Rollenzwänge aus, spitzt die Erklärung des Romantischen dabei auf das bemerkenswerte neologistische Kompositum »Pater-Nationalismus« zu und endet mit dem Appell: »In Deutschland muss klar sein, dass eine freie Frau antiromantisch ist.«

Wenn sich bei Hacks ein klares politisches Feindbild erkennen lässt – der pluralistische Westen als Gegner des Sozialismus –, löst sich bei Rotkopf das Politische ganz ins Affektive auf. Was sie die »dritte Geschichte der Romantik« (der Nationalsozialismus gilt dabei als die zweite) nennt, gewinnt keine sachliche Kontur. Wenn auch einige Politikernamen fallen (Obama, Merkel, Schäuble), fehlt doch jede inhaltliche Konkretion. Es bleibt bei einem emphatisch vorgetragenen, aber zugleich sehr allgemeinen Widerwillen gegen die gesellschaftlichen Zustände in Europa und Nordamerika. Das vorgeblich Romantische an ihnen beschränkt sich auf wenige Schlagwörter: »Die Erfindung der sozialen Geschlechter«, »Nationalgefühl« und »Nationalerzählung«, die »immer zu Imperialismus und Kolonialismus« führen, sowie die »Idealisierung des Leidens« in der Liebe.

Nationalgefühl und -erzählung sowie Liebe und Liebesleid auf die Romantik zu beziehen, liegt nahe. Originell ist indes, wie Rotkopf dies alles verbindet und in der aktuellen Aufmerksamkeit auf Geschlechterrollen fokussiert. Ihre Romantik-Polemik verknüpft Intimität und Weltpolitik. Der alte, charakteristisch deutsche Romantik-Popanz, den Rotkopf aufruft, erscheint dadurch in neuer Gestalt: Er hat seinen Schrecken genau darin, dass er zugleich eine globale und eine intime Herrschaft ausübt. Romantik ist in Rotkopfs Manifest ebenso die verschleierte Unterdrückung der Frau in der heterosexuellen Partnerschaft wie die verschleierte Unterdrückung der Völker durch den politischen Westen. Das »romantische Denken verbietet uns, frei zu sein, frei zu denken«.

Şeyda Kurts Bestseller *Radikale Zärtlichkeit* von 2021 (im selben Jahr noch in fünfter Auflage) teilt – der Untertitel *Warum Liebe politisch ist* zeigt es bereits an –, grundsätzlich diese Perspektive. »Was ›romantisch‹ überhaupt bedeuten soll? Puh. Das ist ein Wort, an dem ich mich in diesem Buch ziemlich abarbeite«,[12] eröffnet die Autorin gleich auf der zweiten Seite. Die Erörterung des Romantischen konzentriert sich dann allerdings auf die nachfolgenden zehn Seiten. Abgesehen davon kommt der Ausdruck eher sporadisch vor. Doch immerhin: Auf diesen zehn Seiten zeichnet Kurt die Romantik ähnlich wie Rotkopf: als ein sich selbst verschleierndes, männliches, westliches Unterdrückungsprinzip auf zugleich intimer wie globaler Ebene. Mit den Worten der Autorin: »All diese Erzählungen von der romantischen Liebe als Krieg und Kreuzzug gibt es in unserer westlich-europäischen, kapitalistischen Kultur, in deren Gegenwart die koloniale und nationalsozialistische Geschichte dieses Landes konserviert ist, nicht ohne Grund. Sie existieren, weil *weiße* bürgerliche cis Männer in den letzten Jahrhunderten Gewalt und Macht und infolgedessen Zeit und Muße hatten – jedenfalls mehr Zeit und Muße als etwa ihre Frauen und Bediensteten, deren Arbeitskraft sie im Haushalt und anderswo ausbeuteten –, die romantische Liebe in dieser Form zu imaginieren.«

In ihrem Eifer, mit dem Şeyda Kurt hier die romantischen Liebeserzählungen als

12 Şeyda Kurt, *Radikale Zärtlichkeit. Warum Liebe politisch ist*. Hamburg: HarperCollins 2021.

Kumulation der männlichen europäischen Gewaltgeschichte darstellt, geht sie stillschweigend über die vielen Schriftstellerinnen hinweg, die ihrerseits dazu beigetragen haben; bemerkenswert in einem Buch, dem es sonst an keiner Stelle an einer gendersensiblen Benennung handelnder Personen fehlt. Kurts Buch zielt auf eine revolutionäre, befreite Form der Liebe. Die »romantische Liebe« gilt dabei als das zu bekämpfende Ancien Régime. »Krieg«, »Kreuzzug«, »kapitalistische Kultur«, »koloniale und nationalsozialistische Geschichte«, »Gewalt«, »Macht«, »Ausbeutung«, »vergeschlechtlichte, rassifizierte Herrschaftsverhältnisse«: Das sind die Worte, mit denen Kurt das Romantische an der romantischen Liebe bezeichnet. Sie ergeben den fast kompletten Sündenkatalog des in der europäischen Geschichte wurzelnden Machtmissbrauchs.

Marie Rotkopf und Şeyda Kurt verwenden im Blick auf die aktuellen gesellschaftlichen Zustände das Wort »Romantik« so, wie es in den allerersten Erklärungsversuchen des Nationalsozialismus geschah: als Bannwort, das die Ursache des Übels zugleich kenntlich machen und damit austreiben soll. Neu ist dabei der Kurzschluss von Weltpolitik und partnerschaftlicher Intimität. Die Diagnose der einen soll zugleich die der anderen sein. Romantik wird dadurch zur weltintimpolitischen Unheilsgestalt. Warten wir es ab, wie groß und langlebig dieser neugekleidete Wiedergänger wird, und hoffen wir, dass die meisten ihn als solchen erkennen.

Arbeiten Tiere?

Von Jana Volkmann

Wenn man Wien nach Südwesten verlässt, passiert man zwei Tiergärten. Der erste, in der zu Schloss Schönbrunn gehörigen Parkanlage gelegen, ist ein Zoo im klassischen Sinn: Tiere im Gehege[1]. Der Zoo darf sich rühmen, der älteste der Welt zu sein (und auch der beste Europas, das zugehörige Gütesiegel wurde ihm zuletzt 2018 verliehen). Wie jeder Zoo behauptet auch der älteste und beste, sich Tierwohl, Artenschutz und Wissenschaft verschrieben zu haben. Einige wenige architektonische Restbestände der historischen Menagerie wurden modernisiert, die Anlage darüber hinaus aber neugebaut. Geht man frühmorgens, lange vor Öffnung des Tiergartens, in den Schönbrunner Schlosspark, hallt das Röhren, Raunen, Kreischen, Wiehern, Meckern und Keckern der Zoobewohner mitunter durch den ganzen Park und verliert sich erst ganz oben an der Gloriette, von der aus man halb Wien betrachten kann, bis an den Säumen der Stadt die Wälder und Hügel aufwallen – einst Maria Theresiens Aussichtspunkt. Wenn man sich im frühen Nebel alleine unter Tieren wähnt, kann es passieren, dass man die Käfige vergisst.

Der zweite Tiergarten liegt inmitten jener Wald- und Hügellandschaft: der Lainzer Tiergarten, der eigentlich selbst ein hügeliges Stück Wald ist. Hier gibt es hauptsächlich Wildschweine, die auf dem Gelände frei umherlaufen. Außerdem Mufflons, Damwild und Fledermäuse. Es kann gut und gern passieren, dass man eine Stunde durch den Lainzer Tiergarten spaziert, ohne ein einziges Tier zu Gesicht zu bekommen, von Feuerwanzen einmal abgesehen. Den Tieren muss es dort blendend gehen. Sie sind eingezäunt, aber warum sollten sie den Wald verlassen wollen, einen so gut gepflegten Wald noch dazu. Hin und wieder werden einzelne Bäume gefällt, damit die Waldkrone, die sich von weit weg wie ein einziges grünes Geflecht ausnimmt, wieder genügend Licht für den Baumnachwuchs durchlässt.

Nachhaltige Forstwirtschaft bedeutet in diesem Fall, sich die Mittel des 19. Jahrhunderts wieder zu eigen zu machen. Konkret: Es kommen Holzrücker mit Pferden, um die gefällten Bäume zu entfernen; für den Boden ist das allemal besser, als wenn ein vollbeladener Tragschlepper mit Riesenreifen übers Erdreich walzt. Diese archaisch anmutende Art der Beforstung gibt es beinahe überall, wo mehr als zwei Bäume nebeneinander stehen. Die Stadt Wien hat sich zu diesem Behuf eine Zeitlang sogar eigene Pferde geleistet.[2] Was sehen die wohl in den Wildschweinen, falls sie ihnen, einen Baumstamm hinter sich

1 Korrekter müsste es hier und an allen folgenden Stellen heißen: nichtmenschliche Tiere.

2 www.propferd.at/main.asp?VID=1&kat1=87&kat2=644&NID=6937

her ziehend, im Tiergarten begegnen? Und was die Schweine in den Pferden?

Denkt man an arbeitende Tiere, dürften den meisten auf Anhieb historische, aus heutiger Sicht archaische Bilder ins Gedächtnis kommen, etwa von Kutsch- und Ackergäulen aus vorindustriellen Zeiten. So als hätte sich das ganze Thema spätestens mit der Erfindung des Verbrennungsmotors erübrigt, bloß weil Pferde dank Motorisierung und Automatisierung für Verkehr und Transport keine Rolle mehr spielen, weil im Kohlenpott keine Grubenpferde mehr und auf den Feldern Pflugmaschinen unterwegs sind. Dabei wird die Arbeitskraft der Tiere auch weiterhin von Menschen genutzt und beileibe nicht nur als urtümliche ökologische Alternative zu spritfressenden Maschinen. Ohne die unermüdliche Produktivität der Spürhunde und Brauereigäule, der Therapiekatzen und der Brieftauben jedenfalls wäre die Menschheit nicht dort angekommen, wo sie sich heute befindet.

Diese Produktivität wird von Menschen in so verschiedener Weise genutzt und ausgenutzt, dass es schwerfällt, darauf eine politik- oder sozialwissenschaftlich etablierte Definition von Arbeit pauschal anzuwenden – ganz davon abgesehen, dass jene Definitionen Arbeit oft als »spezifisch menschliche« Tätigkeit setzen (*Politiklexikon* der Bundeszentrale für politische Bildung). Dem steht die Realität entgegen, die zahllosen Weisen, wie Tiere an der Produktion von Gütern beteiligt sind und Dienstleistungen verrichten.

Die Philosophin Oxana Timofeeva schreibt: »Our very survival is based on animal slavery, the animal body being a perfect subject of exploitation, a labour force in its pure, bodily form«[3] – allerdings ist Arbeit nicht gleichbedeutend mit Sklaverei, nicht jede Arbeit in gleichem Maß ausbeuterisch, nicht jede gefährdet in gleichem Maß Gesundheit und Leben derer, die sie ausüben, egal welcher Spezies sie angehören.

Das Pferd, das eben noch Baumstämme gezogen hat, wird mit hoher Wahrscheinlichkeit ein Leben nach Tierschutznorm führen: Es wird im Anschluss an die Schlepperei anständig gefüttert werden, es wird in einem Stall ausruhen und veterinärmedizinisch versorgt werden, wenn es doch einmal krank wird oder sich verletzt. Wenn man dem Gedanken, dass Tiere arbeiten, noch ein wenig weiterfolgt, müsste dem Pferd dann nicht noch mehr zustehen? Sozialversicherung, Altersvorsorge, eine Entsprechung jener Errungenschaften, für die gekämpft wurde und wird?

Man könnte meinen, die Menschen schuldeten den Tieren etwas für Jahrhunderte, Jahrtausende der Ausbeutung. Ein besonders düsteres Kapitel der gemeinsamen Geschichte von Menschen und Tieren ist etwa der Einsatz von Tieren im Kriegsdienst. Allein im Ersten Weltkrieg sollen etwa 16 Millionen Pferde an allen Fronten im Einsatz gewesen und die Hälfte davon umgekommen sein.[4] Tiere werden, teils noch heute, in der Luft (Brief-

3 »Unser schieres Überleben basiert auf Tiersklaverei, dem Körper des Tiers als perfektem Gegenstand der Ausbeutung, eine Arbeitskraft in ihrer reinen, körperlichen Form.« Oxana Timofeeva, *The History of Animals. A Philosophy*. London: Bloomsbury 2018.

4 Eindrücklich sind etwa die Stellen in Erich Maria Remarques *Im Westen nichts Neues*, wo die Soldaten des Schreiens verwundeter Pferde gewahr werden – dem »Jammer der

tauben, ferngesteuerte Rosenkäfer), zu Wasser (Delfine, die Minen suchen oder unter Wasser Sprengsätze deponieren) und auf dem Landweg (nach Sprengstoff schnüffelnde oder zu Versuchszwecken in die Luft gejagte Schweine) militärisch eingesetzt – eine unvorstellbar hohe Zahl verschiedener Spezies.[5] Ihre Nutzbarkeit im Kriegsdienst lässt sich teils auf aufwändige Trainingsprogramme zurückführen, oft wird schlicht das instinktive Verhalten der Tiere instrumentalisiert oder ihr Körper zum Experimentierfeld für die militärische Forschung erklärt. Oder Tiere in der Unterhaltungsindustrie, die als professionelle Schauspieler erst eine Ausbildung absolvieren und dann als Werbe- oder Filmstars reüssieren. Tiere, die Lasten transportieren oder als Erntehelferinnen dienen. Die Trüffel suchen, Fische fangen, Honig produzieren.

Längst gibt es eine breite öffentliche Auseinandersetzung darüber, wie ein Konsumverhalten aussehen könnte, das die Ausbeutung von Tieren (und die Ausbeutung der Natur) auf ein Minimum reduziert. Das *tierleidfrei* ist, wie es so heißt. Es hat eine Politisierung des Kaufverhaltens stattgefunden: Der Kassenbon ist ein Stimmzettel, der Supermarkt ein Wahllokal, und was man am Ende in die Tüte packt, offenbart, wo man politisch steht. Es lohnt sich, die Perspektiven etwas zu verrücken und die Produktivität der Tiere genauer zu betrachten – nicht allein ihre Verdinglichung in der Fleisch- oder Milchindustrie und in den Legebatterien, die Verwertbarkeit ihrer Körper als warenförmige Biomasse.

Es ist erstaunlich, dass in der öffentlichen Wahrnehmung kaum Aufmerksamkeit hierfür besteht; in bestimmten Bereichen universitärer Forschung dagegen gibt es gegenwärtig eine lebhafte und interdisziplinäre Auseinandersetzung mit den Formen tierlicher Arbeit, die möglicherweise einem breiteren Umschwenken im Denken vorausgreift. *Animal Labour: A New Frontier of Interspecies Justice?* heißt etwa ein kürzlich erschienener Sammelband.[6] Mit dem stark an Kennedys Amtsantrittsrede und sein politisches Programm erinnernden Begriff der »New Frontier« im Titel wird recht deutlich suggeriert, dass man es hier mit einer wissenschaftlichen Terra incognita zu tun hat oder wenigstens mit einem Terrain, das noch längst nicht bis in jeden Winkel hinein kartografiert ist. Er suggeriert zudem eine pioniergeistige Aufbruchsstimmung. Hin und wieder ist, besonders im angloamerikanischen Raum, gar von einem »Animal Turn« in den Sozial-, Rechts- und anderen Wissenschaften die Rede.[7]

Gesetzt den Fall, dass das, was Tiere in zahlreichen Fällen leisteten und leisten, nichts anderes als Arbeit ist: Was das

Welt«, wie der Erzähler Paul Bäumer konstatiert.

5 Vgl. Malin Gewinner, *Die Anthropomorpha: Tiere im Krieg*. Berlin: Matthes & Seitz 2017.

6 Charlotte E. Blattner/Kendra Coulter/Will Kymlicka (Hrsg.), *Animal Labour. A New Frontier of Interspecies Justice?* Oxford University Press 2020.

7 Blattner, Coulter und Kymlicka belegen den Begriff im Vorwort mit unterschiedlichen interdisziplinären Quellen; vgl. auch den Podcast *The Animal Turn* der Geografin und Soziologin Claudia Hirtenfelder, der soeben in die vierte Staffel ging und sich in jeder Folge im Gespräch mit Experten und Expertinnen einem spezifischen Teilbereich der Human-Animal-Studies widmet.

im Weiteren bedeutet, auch an tierrechtlichen Konsequenzen (man stelle sich vor: Arbeitnehmerinnenrechte für Milchkühe und Tarifverhandlungen für Lastengäule oder gar ein Streik der Legehennen), kann an dieser Stelle bestenfalls an- und nicht ansatzweise zu Ende gedacht werden. Bedeutet dies nicht schließlich auch, dass Tiere eine Art proletarischer Klasse bilden, die das Potential zur Revolution in sich trägt? Oder aber ein »Lumpenproletariat«, wie die »entlassenen Soldaten, entlaufenen Galeerensklaven, Gauner, Gaukler, Lazzaroni, Taschendiebe, Taschenspieler, Spieler, Maquereaus, Bordellhalter, Lastträger, Literaten, Orgeldreher« und so fort, für die Marx im *Achtzehnten Brumaire des Louis Bonaparte* nicht viele gute Worte findet? Zumindest kann man kaum darüber hinwegsehen, dass Marx selbst eine andere Vorstellung von Tieren hatte, wie bereits in den frühen Schriften deutlich wird – nämlich eine, die auf anthropologischer Differenz begründet ist.

In der aktivistischen Tierrechts- und Tierbefreiungsszene tritt man Marx (und vielleicht mehr noch Engels) folglich recht häufig skeptisch unterkühlt entgegen, und das, obwohl es mit dem Kapitalismus einen klar umrissenen gemeinsamen Gegner gibt. Marx kommt 1844 in den *Ökonomisch-philosophischen Manuskripten* zu folgendem Schluss: »Zwar produziert auch das Tier. Es baut sich ein Nest, Wohnungen, wie die Biene, Biber, Ameise etc. Allein es produziert nur, was es unmittelbar für sich oder sein Junges bedarf; es produziert einseitig, während der Mensch universell produziert; es produziert nur unter der Herrschaft des unmittelbaren physischen Bedürfnisses, während der Mensch selbst frei vom physischen Bedürfnis produziert und erst wahrhaft produziert in der Freiheit von demselben; es produziert nur sich selbst, während der Mensch die ganze Natur reproduziert; sein Produkt gehört unmittelbar zu seinem physischen Leib, während der Mensch frei seinem Produkt gegenübertritt. Das Tier formiert nur nach dem Maß und dem Bedürfnis der species, der es angehört, während der Mensch nach dem Maß jeder species zu produzieren weiß und überall das inhärente Maß dem Gegenstand anzulegen weiß; der Mensch formiert daher auch nach den Gesetzen der Schönheit.«

Ob und wie eine *Animal Labour Theory* für das 21. Jahrhundert dennoch mit und nicht bloß trotz Marx gedacht werden kann, ist Gegenstand zahlreicher wissenschaftlicher Arbeiten. Dass Marx' und Engels' Vorstellung von Tieren nicht gerade progressiv gewesen sei, ist aus heutiger Sicht leicht gesagt – doch das übersieht womöglich, dass die desaströsen Auswirkungen des Kapitalismus auf die Natur, aber eben auch auf die Tiere, durchaus Gegenstand von Marx' Untersuchungen waren.[8] Urbanisierung und

8 Hier sei exemplarisch auf einen Text von John Bellamy Foster und Brett Clark verwiesen, die auf Ted Bentons ökosozialistische Marx-Kritik entgegnen: »Benton compares the early Marx unfavorably to the early Darwin, who indicated in 1839 in his notebooks that humans had similar facial expressions to that of the orangutan in the zoo, thereby indicating the relatedness of humans and animals. However, Marx, nine years Darwin's junior (and who may not have seen an orangutan), argued only a few years later, in 1843, that the commodification of animals was an example of the ›degradation‹ of nature by human society – a point that

Industrialisierung haben auch auf das Mensch-Tier-Verhältnis extreme Auswirkungen gezeitigt.

Schlachtfabriken sind wohl das Erste und Schlimmste, was einem in den Sinn kommt, wenn man an die marginalisierte Position der Tiere im Kapitalismus denkt. Während die Tiere im städtischen Raum zunehmend aus dem Blick des Menschen verschwanden, hat sich, etwa mithilfe behavioristischer oder neurologischer Erkenntnisse, das Bild vom Tier immer weiter von der (schon zu Marx' Zeiten überholten und auch im *Kapital* für veraltet deklarierten) Vorstellung einer bloßen kartesischen Apparatur fortentwickelt.

Diese maximale Entfremdung schlägt sich auch in der vom Menschen reglementierten Reproduktion der Tiere nieder. In der industriellen Tierhaltung wird jeder Lebensabschnitt eines sogenannten Nutztiers kommodifiziert, sein Zweck lange vor der Geburt genetisch festgelegt – in der Zucht wird nichts dem Zufall (vulgo: der »Natur«) überlassen. Nun hat die Tierzucht eine lange Geschichte; schon ehe Gregor Johann Mendel im Klostergarten Erbsen gekreuzt und in weiterer Folge Vererbungsregeln formalisiert hat, wurden Tiere, deren Eigenschaften man sich gezielt zunutze machen wollte, für die Zucht selektiert.

Darwin himself hardly grasped at this or any other stage. A year later, in the ›Economic and Philosophical Manuscripts‹, Marx explicitly noted the close relationship between human beings and other animals as objective natural beings. Such an emphasis on strong human-nonhuman animal connections were hardly the dominant view of the time.«
John Bellamy Foster/Brett Clark, *Marx and Alienated Speciesism*. In: *Monthly Review*, Nr. 70/7, Dezember 2018.

So gab es etwa bereits in der Frühen Neuzeit mit dem Turnspit Dog eine Hunderasse,[9] die eigens für das Drehen von Bratenspießen gezüchtet wurde: Mit kurzen Beinen und großer Ausdauer bewegten sie Tretmühlen, damit das Fleisch schön gleichmäßig gar wurde. Ein Kuriosum der Geschichte, der Turnspit Dog ist dank Motorisierung längst überflüssig geworden und folglich ausgestorben. Einzig ein Museum im walisischen Abergavenney beherbergt noch ein Exemplar – allerdings ausgestopft. Die Taxidermisten haben ganze Arbeit geleistet: Flink wie ein Wiesel wirkt der kleine Whiskey, als wäre er allzeit bereit, wieder ins Laufrad zu steigen.[10]

Die heutige Tierzucht mit ihren auf die massenhafte industrielle Produktion abgestimmten Abläufen hat indes andere Dimensionen erreicht. Es gibt nicht einfach Hühner, sondern Mast- und Legehybriden, entweder kugelrund oder in einer endlosen Höllentour am Legen. Die ungustiösen Kehrseiten einer solchen, einzig auf Effizienz getrimmten Zucht sind hinlänglich bekannt; die Aufzucht mickriger Hähne etwa bringt keinen ökonomischen Nutzen, so dass die männlichen Nachkommen der Legehennen als Eintagsküken enden – beziehungsweise endeten. In Deutschland ist diese Praxis mit dem 1. Januar 2022 passé, Küken dürfen nicht mehr ihres Geschlechts wegen in den Schredder kommen. Importierte Eier aus Brütereien, die männliche Küken töten, kann man je-

9 Clemens Setz hat dieser Hunderasse sein Prosagedicht *Tretmühle* gewidmet. In: Ders., *Die Vogelstraußtrompete. Gedichte*. Berlin: Suhrkamp 2014.

10 www.bbc.co.uk/ahistoryoftheworld/objects/ryKLhLRqRF6MGhynjUCqjQ

doch nach wie vor kaufen, und bis 2024 bleibt es erlaubt, dass Embryonen nach einer spektroskopischen Geschlechtsbestimmung durch die Eierschale hindurch nicht weiter bebrütet werden.

Die Taxonomie, mittels derer man Haus-, Nutz- und Wildtiere voneinander unterscheidet, ist natürlich ein Konstrukt, eine Übersetzung ideologischer Kategorien in Alltagssprache und Handlungsanweisungen. Ist das Haustier das Gegenteil von einem Nutztier? Wohl kaum, wenn man es genau nimmt. Immerhin erfüllen auch Haustiere einen Nutzen, und in manchen Mensch-Tier-Beziehungen lässt sich kaum sagen, wer für wen die Sorgearbeit übernimmt. Welche Spezies mit ins Haus dürfen und welche nicht, bestimmt die jeweilige Kultur, und in Stein gemeißelt sind diese Kategorien niemals. Für ein großes Hallo hatte in den Nullerjahren George Clooney gesorgt, als er der Welt sein Haustier präsentierte. Der »sexiest man alive« lebte auf seinem Anwesen in den Hollywood Hills Seite an Seite mit Max, einem Hängebauchschwein. Spätestens hier wurde vielen klar: Schweine sind gar nicht abstoßend, schmutzig oder deppert, sondern sie taugen zum süßen und gescheiten Freund fürs Leben. Schon erfuhr das rundliche, liebliche Miniaturschwein einen enormen Popularitätsgewinn. (Und das war noch vor dem Aufkommen von Instagram, wo Haustiere sich so unablässig wie niedrigschwellig als die Sidekicks ihrer Besitzerinnen inszenieren lassen, so dass sie Weltsicht und Lebenswandel ihrer Menschen idealtypisch repräsentieren. Manche Veterinärmediziner sehen sich gar genötigt, vor unkonventionellen Haustieren zu warnen, die auf Fotos zwar niedlich, im realen Leben aber schwierig sind – etwa mehr oder weniger gut domestizierte Füchse oder ihre Verwandten aus der Wüste, die großohrigen Fenneks.)

Die Geschichte der Arbeiter zeigt deutlich, dass es ein verhängnisvoller Trugschluss wäre, von einer bloßen Anerkennung der Tiere als Kollegen darauf zu schließen, dass sich damit automatisch auch ihre Lebensbedingungen entscheidend verbessern würden. Es gäbe, vereinfacht gesagt, zwei Wege, um mit der Erkenntnis umzugehen, dass Tiere arbeiten – erstens man erklärt jedwede tierische Arbeit aus ethischen Erwägungen für illegitim und schafft sie zur Gänze ab. Oder aber zweitens: Man verbessert ihre Bedingungen so eklatant, dass die Arbeit auch den Tieren selbst zum Vorteil gereicht, etwa indem sie lernen, Fähigkeiten entwickeln, entlohnt werden, ihren sozialen Status verbessern. Beides ist schwer vorstellbar: Die erste Variante würde ganze Wirtschaftszweige absägen. Die zweite Variante erfordert viel Fantasie.

Tieren ein Recht auf Arbeit unter gerechteren und würdevolleren Bedingungen zuzugestehen, hieße aber zumindest eines: ihnen eine Position innerhalb der Gesellschaft einzuräumen und somit den aktuell vieldiskutierten Positionen Rechnung zu tragen, denen zufolge Tiere die sozialen Ordnungen mitbestimmen und mitgestalten, in die sie, ob freiwillig oder nicht, eingebunden sind. Kurzum: Es würde bedeuten, ihren Subjektstatus, ihren Status als soziale und politische Wesen anzuerkennen. All das klingt zugegeben abwegig, vielleicht sogar spinnert.

Doch bereits jetzt, noch bevor der Kampf um gerechte Arbeitsbedingungen für Tiere richtig Fahrt aufgenommen hat, gelangen die utopischsten Ideen vereinzelt zur Anwendung. In Florida wird gerade über ein Gesetz entschieden, das nicht mehr arbeitsfähigen Polizeihunden unter anderem subventionierte Tierarztbesuche zugestehen soll – eine Art Altersvorsorge also, eine Rente.[11] Viele Hunde sind durch die langen Jahre im Polizeidienst besonders pflegebedürftig: Teils sind sie zehn Jahre lang im Einsatz und neben dem Verschleiß durch die fordernde physische Arbeit auch einem hohen Verletzungsrisiko ausgesetzt.[12] Oft werden sie am Ende ihrer Dienstjahre von jenen Polizistinnen und Polizisten »adoptiert«, mit denen sie zuvor gearbeitet haben – die blieben bislang auf den hohen Kosten für die veterinärmedizinische Versorgung sitzen. Der Vorstoß, die Lebenshaltungskosten der hündischen Pensionäre aus öffentlicher Hand zu zahlen, stößt auf breite Zustimmung (beinahe jeder mag schließlich Polizeihunde, mitunter sympathisieren mit ihnen sogar jene Leute, die von der Polizei ansonsten gar nichts halten, hat sich der arme Hund seinen Job ja nicht ausgesucht).

Und plötzlich scheint es nicht mehr ganz so abstrus, eine gesetzlich verbriefte Altersvorsorge für sogenannte Nutztiere einzufordern. Ganz im Gegenteil: Ein bescheidenes, aber gesichertes Auskommen sollte doch eigentlich das Mindeste sein, was man sich am Ende eines entbehrungsreichen Arbeitslebens verdient hat. Um sich endlich dem zu widmen, womit auch die Feuerwanzen im Lainzer Tiergarten einen Teil ihrer Zeit verbringen: *dolce far niente*.

11 www.floridabar.org/the-florida-bar-news/bill-to-support-retired-police-dogs-moves/

12 eu.news-journalonline.com/story/news/2021/09/29/retired-police-dogs-would-get-care-under-proposed-florida-law/5814363001/

Geschichten aus der Kammer

Über Fotoautomaten und ihre Wiederholungen

Von Florian Sprenger

Die Anordnung unterscheidet sich fundamental vom Selfie: Der Automat ist zwei Meter hoch, zwei Meter lang und einen Meter tief, fest verankert und mit mehreren hundert Kilogramm Gewicht keineswegs mobil oder *handheld*. Man kann ihn an keine mehr oder weniger aufregenden Orte mitnehmen, die Gefahr tödlicher Unfälle ist dementsprechend gering. Der Hintergrund der Aufnahmen – ob in nostalgischem Schwarzweiß oder in Farbe – bleibt meist das fahle Weiß der Rückwand, manchmal verziert von einem Vorhang, einer bedruckten Tapete, etwa für Olympische Spiele und Weltausstellungen, oder einer nachträglichen digitalen Projektion.

Die Verkettung von üblicherweise vier Bildern, die ein Fotoautomat auf einem Streifen nacheinander aufnimmt, eröffnet ein Spiel mit der Zeit: Er fragmentiert, fokussiert und belichtet vier Momente jener Dauer, die wir in seinen Kammern verbringen. Das Revival, das der Fotoautomat in den letzten Jahren erlebt, hängt nicht nur mit der gegenwärtigen Nostalgie für das Analoge zusammen, sondern auch mit der streng gerahmten Freiheit der Inszenierung, die zwischen den Fotos liegt.

In den Fotoautomaten, die in westeuropäischen Städten neuerdings wieder an prominenten Orten zu finden sind, geht es weniger um ein Sehen-und-gesehen-Werden als um ein Sich-selbst-Sehen im Angesicht der Maschine. Die Wiederkehr des Fotoautomaten ist weder allein durch eine Romantisierung des Ephemeren der Alltagsfotografie noch als eine stationäre Variante des Selfies erklärbar. Vielmehr bannt der Fotoautomat das Verhältnis von Mensch und Maschine, von Dauer und Moment, von Sequenz und Einzelbild auf einen Bildstreifen.

Fotografenlose Fotografie

Die Außenwände des Kastens, an denen sich der Eingabeschlitz für Münzen und der Ausgabeschlitz für die Fotos finden, sind zumeist mit Eigenwerbung plakatiert. Der Automat muss auf seine Verfügbarkeit hinweisen, um im öffentlichen Raum nicht unsichtbar zu werden. Im Inneren befindet sich eine erste Kammer, die als begehbare Bühne dient. Diesem Aufnahmeraum liegen zwei weitere Kammern gegenüber, von denen die eine die Kamera mit der Blitzanlage, die andere Dunkelkammer oder Drucker enthält.

Mit dieser Anordnung wiederholt der Fotoautomat eine Urszene der Fotografie: die *camera obscura*. Die Kameralinse, die zwischen den Kammern vermittelt, ist in den meisten Modellen von einer spiegelnden Platte verdeckt, auf deren Oberfläche man in einer Reflektion der äußeren Kammer die gespiegelte Vorschau der Fotos sieht. Ein Pfeil verweist auf die Linsenöffnung, damit man direkt in die Kamera der inneren Kammer blicken (oder den Blick verweigern) kann. Alles ist auf die Konfrontation von Kamera und Gesicht ausgerichtet, die sich viel später im Blick des Grenzkontrolleurs auf das Foto wiederholt.

Im Automaten ist die Hemmschwelle des Gesehen-Werdens niedrig. Er nimmt, was er bekommt. Er braucht keinen Fotografen, der die Szene richtet und den Auslöser betätigt. Im Fotoautomaten fällt die eigentümliche Gehemmtheit des Sich-gesehen-Wissens deshalb weg. In neueren Varianten liegt hinter der spiegelnden Oberfläche ein Bildschirm, der Optionen oder ein Vorschaubild anzeigt und manchmal auch einen Countdown für die Auslösungen herunterzählt. Die avanciertesten Modelle sind mit einer Bilderkennungssoftware ausgestattet, die Rückmeldung gibt, wenn die erkennungsdienstlichen Maßstäbe eines biometrischen Passbilds erfüllt sind. Die Software kann auch Filter anbieten – analog zu den Möglichkeiten der Bildbearbeitung mit dem Smartphone. In Japan verzerren die unter Jugendlichen beliebten Purikura-Automaten Gesichter im Manga-Stil und drucken sie als Sticker.[1]

Der einzige Einrichtungsgegenstand in der Kammer ist ein höhenverstellbarer Drehhocker, der die Position vorgibt, auf der der Fokuspunkt der Kamera liegt – ob man getroffen wurde, weiß man aber

1 Vgl. Mette Sandbye, *Selfies and Purikura as Affective, Aesthetic Labor*. In: Julia Eckel / Jens Ruchatz / Sabine Wirth (Hrsg.), *Exploring the Selfie. Historical, Theoretical, and Analytical Approaches to Digital Self-Photography*. London: Palgrave Macmillan 2018.

erst, wenn man das Ergebnis in Händen hält. Der Boden ist mit zumeist verdreckter Plastikfolie ausgelegt, auf der Spuren des öffentlichen Raums zu sehen sind, in dem diese semiöffentliche Bühne aufgestellt ist – durch einen halbhohen, auf Sitzhöhe angebrachten Vorhang vom Außen abgeschirmt. Von dort sieht man als unbeteiligter Betrachter immerhin noch die Beine der Protagonisten und kann deren eingefrorene Posen oder Verrenkungen erahnen.

Wer Geld einwirft und allein oder zu mehreren die Kammer betritt, beginnt ein Spiel des erwartbar Unerwartbaren: Vorhersehbar sind die Auslösungen, manchmal von Tönen angekündigt, manchmal aber auch absichtlich verzögert, um den Kitzel zu maximieren. Sie sind nicht mit den Bewegungen des Körpers synchronisiert und treffen ihn in Momenten des Schauspiels zwischen Positionen oder Gesten, im erwartbar Unerwartbaren der unverstellten Entstellung.

Auch wenn die Aufnahmen biometrischer Identifikation dienen und nicht der reinen Lust am Bild zuliebe angefertigt werden, unterliegen sie diesem Ablauf. Inszeniert werden Passbilder, Familienporträts, Liebesbekenntnisse, Variationen des Kusses, politische Botschaften, kurze Geschichten oder das Medium selbst – den Ausdrucksformen steht ein strenges mediales Gerüst bereit, das die Freiheit gibt, auf beliebige Weise gefüllt zu werden.

Bildgeschichten

Durch die vierfache Aufnahme in einem kurzen Zeitraum stehen die Fotostreifen des Fotoautomaten zwischen Fotografie und Film – sie verweisen stets auf das, was zwischen den Aufnahmen geschieht, gehen jedoch nicht in einer Bewegung auf. Im Fotoautomaten treffen die Dauer der Inszenierung und der Moment der Auslösung aufeinander.

Fotostreifen haben vielfältige Anwendungen, die vom staatlich genormten, disziplinierenden Passbild, das Rechtssubjekte eindeutig identifizierbar machen soll, bis zum Spaßbild der Alltagspraxis reichen – von der Gefängniszelle zur Theaterbühne.[2] Als Gegenstand der Populärkultur ist der Fotoautomat Motiv zahlreicher Filme und Werbespots, er hat es in Form von Andy Warhols Arbeit *Today's Teenagers* 1965 auf das Cover des *Time Magazine* geschafft und wird in vielen künstlerischen Arbeiten reflektiert.[3] Als Automat des Alltags zählt er zu den Attraktionen, die allein durch die Zurschaustellung ihres Mechanismus Menschen zum Geldeinwerfen animieren sollen – bei manchen Modellen ist die automatische Entwicklung der Fotos durch eine Scheibe sichtbar.

Seine Geschichte beginnt am 9. Januar 1888, als William Pope und Edward Poole in Baltimore das erste Patent anmeldeten.[4] Im Oktober desselben Jahres folgte

2 Vgl. Susanne Regener, *Blickmaschine Fotoautomat. Staatliche, künstlerische und Laien-Strategien*. In: Martin Roman Deppner/Thomas Abel (Hrsg.), *Undisziplinierte Bilder. Fotografie als dialogische Struktur*. Bielefeld: transcript 2013.

3 Zur Übersicht vgl. Raynal Pellicer, *Photobooth. The Art of the Automatic Portrait*. New York: Abrams 2010.

4 W. R. Pope/E. L. Poole, Automatic Photographic Apparatus, Patent-Nr. 396, 428 vom 22. Januar 1889. Zur Geschichte des Fotoautomaten vgl. ausführlich Näkki Goranin, *American Photobooth*. New York: Norton & Company 2008.

ein ähnliches Patent in Paris und kurze Zeit später auch in Deutschland ein »Apparat zur selbstthätigen Herstellung von Photographien«.[5] Der vermutlich erste funktionsfähige Fotoautomat – mit Ferrotypien und keinen Abzügen von einem Negativ – wurde im Mai 1889 von Ernest Enjalbert bei der Pariser Weltausstellung präsentiert. Die Aufnahmen benötigten allerdings eine Belichtungszeit von drei bis sechs Sekunden und eigneten sich nicht für Momentaufnahmen. Vor allem aber fehlte all diesen Apparaten die Kammer, denn es handelte sich nur um selbstauslösende Fotoapparate mit Entwicklungstechnik.

Der erste kommerziell erfolgreiche Fotoautomat, der Fotografien in Studioqualität anbot, wurde am 27. März 1925 in New York der Öffentlichkeit vorgestellt: das Photomaton des russischen Emigranten Anatol Josepho, bestehend aus mehr als dreitausend Einzelteilen. Als Bildträger für zunächst acht Fotos diente direkt belichtetes Silberpapier ohne Film, ein Vorläufer des Polaroid. Das Photomaton wurde mit den Slogans »Just picture yourself« und »Make your own movies for a quarter« so erfolgreich, dass Josepho das Patent für eine Million Dollar verkaufte, nach zwanzig Jahren allein in den USA dreißigtausend Automaten mit hohen Gewinnmargen standen und zahlreiche Nachahmer auf den Markt drängten.

Mit dem Erfolg der Polaroidkamera seit den 1970er Jahren und später mit der Verbreitung der Digitalfotografie bekam der Fotoautomat Konkurrenz auf dem Feld der Unterhaltungsfotografie. Heute wächst der Markt wieder, allerdings vor allem für die nunmehr kulturell prämierte Form des Erinnerungsstreifens. Sie hat es inzwischen sogar in eine Reihe von Kunstausstellungen und Bildbänden geschafft. Auf dieses Revival reagierten insbesondere findige Unternehmer, die im Jahr 2004 in Berlin alte, analoge Fotoautomaten restaurierten, sie in Kreuzberg, Friedrichshain und Prenzlauer Berg aufstellten und in zahlreiche europäische und nordamerikanische Großstädte expandierten.

So stehen Fotoautomaten heute nicht nur an Orten, an denen ein Bedarf für Passbilder besteht oder hoher Publikumsverkehr herrscht, also in Bahnhöfen, Behörden oder Einkaufszentren. Sie sind auch an kulturell einschlägigen Orten wie Museen, Parks, Kinos oder auf öffentlichen Plätzen zu finden. Die Erschließung eines neuen Markts für Fotostreifen reagiert auf die Veränderung des Begehrens, das der Fotoautomat erfüllt.

Seit dem Photomaton hat sich der gesellschaftliche Status der Fotografie radikal verändert: Ihre Verfügbarkeit in digitaler Form hat sie tief im Alltag weiter Teile westlicher Kulturen verankert. Niemand braucht heute noch einen Fotoautomaten, um fotografiert zu werden, und für die korrekte Größe von Passbildern gibt es Druckvorlagen. Betrachtet man den Fotoautomaten weniger als Relikt der Vergangenheit oder als reine Gebrauchsform, sondern als Medium der Aneignung nicht nur der Fotografie, sondern auch ihrer Geschichte, wird die Besonderheit seines Automatismus deutlich. Die Fotografie hält seit ihrer Entwicklung 1838 aus der Dauer der ablaufenden Zeit einzelne Momente fest (das heißt die Dauer zwischen

5 Carl Sasse, Apparat zur selbstthätigen Herstellung von Photographien, Patent-Nr. 61806 vom 8. November 1890.

dem Öffnen und Verschließen der Linse, die als ein Moment erscheint, wenn sie so kurz ist, dass das Abgebildete scharf dargestellt wird), bannt sie auf einen Träger und macht sie für die Zukunft verfügbar.

Dem einzelnen Foto fehlt aber der vierfache Zusammenhang, den der Fotoautomat auf einen Streifen bannt. Ein Fotostreifen ist nicht nur ein Foto, sondern auch ein Film mit vier Frames ohne Abspielgerät, der die Zeit zwischen den Auslösungen zeigt, ohne sie abzubilden. Aus der Spannung dieser Zeitformen, der Dauer der Inszenierung und den Momenten des Auslösens, zieht der Fotoautomat sein Potential. Wegen dieser Spannung erlebt er gegenwärtig ein Comeback – trotz oder vielleicht auch gerade wegen der Omnipräsenz von Smartphone-Kameras, die fotografieren und filmen können.

Spontane Inszenierung

Wenn die Fotografierten nicht wissen, wann genau die Kamera auslösen wird, verwandelt sich jede Bewegung in eine Geste, die dem erwartbar unerwarteten Akt der fotografischen Repräsentation unterworfen ist. »Pose und Grimasse« sind, wie Hole Rößler schreibt, »die Zwillingsgeburt der Fotografie«.[6] Doch im Fotoautomaten verwischt ihre Grenze, weil jede Ausdrucksform der Mimik viermal zum Bild werden kann. Ausschuss gibt es immer. Im Übergang zwischen den Posen lauert die Grimasse. Beide sind im Fotoautomaten gleichwertige Gesten: Mimik ist immer absichtsvoll,[7] doch im Fotoautomaten adressiert sie allein das Gesehen-Werden durch den Automaten. Deshalb spielt es keine Rolle, ob die Ausdrücke der Fotografierten im richtigen Moment getroffen werden oder nicht – abgebildet wird aus jeder Mimik eine Geste, die auf die vorhergehenden oder nachfolgenden Bilder verweist. Durch den Automatismus, wörtlich das Von-selbst-Geschehende, wird Mimik zum Selbstzweck. Beim Passbild soll sie zur erkennungsdienstlichen Identifikation stillgestellt und beim Spaßbild ausagiert werden.

Die Abstände zwischen den Aufnahmen sind so lang, dass etwas dazwischen geschehen kann oder auch nichts, dass eine ganze Welt, eine Beziehung, ein Leben oder auch nur ein Witz Platz haben. Die Fotos brauchen Vorbereitung, doch sind die Vorbereitungen stets noch im Gang oder zu früh abgeschlossen, weil ihre Dauer nie mit den Momenten des Auslösens übereinstimmen kann. Die Zeit des Dazwischen wird zur Suche nach einer neuen Position oder einem anderen Gesichtsausdruck, zum Spiel der Mimik mit der Wiederholung. Die Fotografierten haben Zeit, einen neuen Ausdruck aufzulegen, zu weinen, zu lachen oder Ausdruckslosigkeit darzustellen. Das Warten auf die Auslösung lässt den Moment erstarren und die Inszenierung zur Erwartung ihres Effekts werden.

Automatismen

Die fotografenlose Fotografie braucht kein Expertenwissen und keinen ästhe-

6 Hole Rößler, *Widerspenstige Gesichter. Mienenspiele der Verweigerung im fotografischen Zeitalter*. In: *Zeitschrift für Ideengeschichte*, Nr. 13/3, Herbst 2019.

7 Vgl. Hans Belting, *Faces. Eine Geschichte des Gesichts*. München: Beck 2013.

tisch ausgebildeten Blick. Eine einfache Anleitung genügt. Nicht nur die Auslösung, sondern auch die Entwicklung des Bildes wird von einem komplexen Mechanismus im Inneren des Kastens geleistet. An die Stelle des Fotografen tritt ein Techniker, der den Automaten regelmäßig wartet, reinigt und die Einnahmen entnimmt. Die Aufnahmen sind daher von Beginn an günstiger als Fotografien im Fotostudio – *four for a quarter*, zwei Euro pro Streifen.

Gerade weil kein Fotograf hinter der Linse steht, sondern sich hinter ihr nur die Kammer der Fotografie verbirgt, und gerade weil Belichtungszeit, Blende, Fokus und Ausrichtung vorgegeben sind, erlaubt der Fotoautomat vermeintlich unverstellte Verstellungen: Die Konventionen der Aufnahme sind so strikt festgelegt, dass die Darstellungskonventionen aufgehoben sind.

Es leuchtet deshalb unmittelbar ein, weshalb André Breton von diesem Automatismus fasziniert war.[8] Er fotografierte sich nicht nur über Jahrzehnte hinweg selbst regelmäßig in Fotoautomaten. Für eine Serie von Fotostreifen, die 1929 in der letzten Ausgabe der Zeitschrift *La Révolution Surréaliste* abgedruckt wurde, bat er die Surrealisten seiner Zeit – von Buñuel über Dalí bis Magritte – in die Kammer. Auf mindestens einem Einzelbild je Streifen sollten sie die Augen schließen und schlaflos zeigen, was an ihrem Gesicht beim Träumen abbildbar wird. Auf dem Cover der Zeitschrift sind sechzehn Porträts männlicher Surrealisten mit geschlossenen Augen um eine Zeichnung Magrittes mit der Aufschrift *Je ne vois pas la [femme] cachée dans la forêt* zu sehen. Da der Automat die Fotos selbsttätig schießt, wird der Fotostreifen zur idealen Projektionsfläche für psychische Automatismen. Die versammelten Surrealisten-Subjekte taten so, als könnten sie sich in dieser Konstellation kaum selbst kontrollieren – ihre Verstellung sollte die Automatismen der Psyche offenlegen. *The pencil of nature* schreibt *écriture automatique*, doch was sichtbar wird, ist die Inszenierung des Uninszenierbaren.

Darin unterscheiden sich die Künstlerstreifen nicht von den Alltagsfotos, die in den auf Flohmärkten oder auf Ebay gesammelten Archiven von Sammlerinnen und Sammlern wie Näkki Goranin oder Raynal Pellicer liegen. Sie geben Einblicke in eine Aneignung des fotografischen Apparats außerhalb der ästhetischen Konventionen des Komponierens. Der Bildaufbau liegt allein im Ermessen der Fotografierten. Sie bilden nicht nur bekannte Porträtposen nach, sondern zeigen sich selbst für sich selbst. Der Slogan »Pose yourself« manifestiert einen Doppelsinn: Was ist das Selbst, das in Pose gesetzt wird oder posieren soll? Zeigt die Pose ein verborgenes Selbst, oder gibt es dieses Selbst nur in der Performanz der Pose?

Die fotoautomatische Arbeit am Selbst besteht im mitunter deformierenden Spiel mit der Konformität. Die Fotografien erfordern eine Anpassung an die Voraussetzungen der Maschine. Der Automatismus der fotografenlosen, vierfachen Fotografie eröffnet damit einen Spielraum der Inszenierung – ähnlich wie der Selbstauslöser oder das Selfie, bei denen niemand hinter der Kamera steht, weil die Person

8 Vgl. Jonathan Jones, *André in Wonderland*. In: *Guardian* vom 16. Juni 2004 (www.theguardian.com/culture/2004/jun/16/1).

vor der Kamera diese auslöst. In beiden Fällen entspricht dem Medium eine Subjektivität, die ihr Heil in einer Inszenierung findet, die in der Gegenwart für die Zukunft festgehalten wird.

Bilderfolgen

Bilderfolgen aus dem Fotoautomaten erzählen uns die Geschichte unserer Freude (oder des Leids, das in ihr verpackt sein kann) in der Dauer zwischen den Momenten, die auf dem Streifen abgebildet werden. Diese Bilder sind Momente des Wartens – allzu oft des Wartens in Posen, die keine Erwartung dulden, aber im Erstarren für den Augenblick Bestand für die Zukunft haben. Entscheidend ist die unabgebildete Dauer zwischen den Bildern – die Dauer unserer Erinnerung, die gefüllt werden kann und deshalb für immer neue Deutungen offen ist, wenn der Fotostreifen später am Kühlschrank hängt.

Im Gegensatz zum Selfie, das aufgrund der Vernetzung des Aufnahmegeräts zumeist als Fotografie für andere aufgenommen wird, ist der Fotostreifen eine Aufnahme für die Aufgenommenen. Deswegen ist er, besonders wenn es sich bei den Abgebildeten um ein Paar oder eine Gruppe von Menschen handelt, ein gemeinschafts- und identitätsstiftendes Mittel, eine »Identitätsmaschine« (Susanne Regener).[9] Sie erlaubt das Ausprobieren und Überschreiten von sozialen, körperlichen und geschlechtlichen Grenzen, kann diese aber auch affirmieren – mitunter beides auf einem Streifen. Weil jeder Fotostreifen ein Unikat ist, verbleibt diese Funktion am Ende bei einer der Personen, die am Spiel teilgenommen haben – außer wenn er am Ende in Einzelteile zerschnitten wird. Die Fotos markieren das Gemeinsame, der Streifen jedoch bereits die Trennung, die dem Gemeinsamen eingeschrieben ist.

In der Ästhetik der Wiederholung können die Geschichten dessen, was zwischen den Auslösungen geschehen ist, immer wieder neu erzählt, die Leerstellen neu gefüllt werden. Dass es vier Bilder sind, nicht drei oder fünf, trägt zum Fortlauf der Geschichte bei, die vom ersten Bild an auf ihr Ende zustrebt und doch nicht vorhersehbar ist. Sie ist nicht zu lang oder zu kurz, um symmetrisch zu sein. Ihre Klimax mag in einer Eskalation von Gestik und Mimik liegen, die doch nur dem Ziel folgt, sich selbst zu verstärken und die Dauer zu intensivieren.

Ihre Narration kann unterschiedliche Wege nehmen und läuft trotzdem auf jenen für Fotografien charakteristischen Moment hinaus, in dem die Bilderfolge in der Zukunft als Medium der Erinnerung genutzt wird. Diese Erinnerung markiert kein Hier und Jetzt einer Aura – dafür sind die Orte des Automaten zu beliebig und im Foto unsichtbar –, sondern die Vorfabrikation einer zu erinnernden Inszenierung. Sie erzählen von einer Stimmung, die – aus welchem Grund auch immer – festgehalten zu werden verlangte, eben weil ein Fotoautomat in der Nähe war. Jedes Foto sehnt sich nach seiner Fortsetzung – auf dem Fotostreifen wird sie mitgeliefert.

9 Vgl. auch Nora Mathys, »*Herumverschenken, austauschen, sammeln – was man mit Fotos halt so macht.« Automatenfotos im Dienste der Freundschaft*. In: Irene Ziehe/Ulrich Hägele (Hrsg.), *Fotos – »schön und nützlich zugleich«. Das Objekt Fotografie*. Münster: LIT-Verlag 2006.

Die vier Bilder, als Rechteck oder als Streifen angeordnet, sind kein Raster des Vergessens dessen, was zwischen ihnen geschehen ist, sondern das Medium der Erinnerung jener unabgebildeten Dauer. Der Fotoautomat ist die Automatenform des Kinos, das die Geschichten des Lebens erzählt: mit Ergebnisstreifen zum Mitnehmen, unerfüllbarem Begehren nach dem Intervall und der Erfahrung einer Kammer, in der man nicht stillsitzen muss und doch der Kamera ausgeliefert ist.

Deshalb ist das Porträt im Fotoautomaten nie unbewegt, auch wenn es stillsteht: Die vier Bilder manifestieren die Bewegung durch die Dauer, die sie nicht abbilden, die aber zwischen ihnen liegt. Dies gilt für die Gebrauchs- wie die Spaßfotografie. Gerade weil diese Fotografie fotografenlos ist, eröffnet sie immer wieder neue Räume der Aneignung dieses Mediums. Vier statt vierundzwanzig Bilder pro Minute, kein Bewegungsbild und keine Projektion, sondern die Aufforderung, die Lücken nachträglich in einer anderen Zeit zu füllen.

In Stein gemeißelt

Kalte Medien schreiben heiße Geschichte

Von Mona Leinung

In Bristol wurde im Sommer 2020 das Denkmal des Sklavenhändlers Edward Colston gestürzt und dem Hafenbecken des Avon überlassen, in Boston eine Statue von Christoph Kolumbus einen Kopf kürzer gemacht. Standbilder von König Leopold II. in Belgien waren nach einem Farbbombenangriff blutrot, ebenso Figuren des Reichskanzlers Bismarck in Hamburg und Köln. Die Empörung richtet sich bei diesen rituellen »Tötungen« von Denkmälern häufig gegen die rassistischen und kolonialistischen Seitenstränge der Geschichte, über die die glorifizierten Darstellungen in Monumenten hinwegzutäuschen versuchen.

Wenn Protestierende gerade diese Statuen von historischen Protagonisten des Kolonialismus stürzen, schänden oder zerstören, dann stellen sie damit die Vorstellung infrage, dass die Menschheit eine gemeinsame, von allen respektierte Geschichte besitze und das materielle Vermächtnis dieser Geschichte bewahrt werden müsse. Man kann solche Aktionen der Zerstörung, des Vom-Sockel-Holens und des Beschmierens von Statuen in die Tradition des Bildersturms stellen.

Man kann sie aber auch als Ausgleichsprozesse eines filigranen Systems der Erinnerungspolitik begreifen, das immer schon Schwankungen und Veränderungen unterworfen war, wenn es um die Frage nach Wert und Bedeutung bestimmter Narrative für eine Gesellschaft ging. Nirgendwo sonst gewinnt die Praxis der In-Wert-Setzung so buchstäblich an Gestalt wie bei all den Standbildern und Skulpturen historischer Figuren, die mit Namen und Taten in die Struktur und den Stoff des öffentlichen Raums hineingesetzt werden. Nur glichen die Monumente lange eher traurig verwitterten Requisiten in einem Theaterfundus – reich zwar an historischen Bezügen, aber doch sehr unbeachtet in der Bedeutungslosigkeit des Abgestellten versunken.[1]

Im Zuge der Black-Lives-Matter-Bewegung entlädt sich nun an der steingewordenen Geschichte ein Gewitter von »antirassistischem Furor« und »unbändiger Wut«.[2] Plötzlich sind die vermeintlich kalten Skulpturen wieder zu geschichtlich aufgeheizten Objekten geworden. Daher scheint sich die Frage zu lohnen, welche thermischen Bedingungen dem Medium Denkmal womöglich innewohnen und welche Auswirkungen diese Warm/Kalt-Prozesse auf das geistige Klima unserer globalen Gesellschaft haben.

Hot Stone Message

In den 1960er Jahren schlug Marshall McLuhan eine Unterscheidung zwischen heißen und kalten Medien vor, je nachdem, wie detailreich und wie hoch die Informationsdichte eines Mediums ist.[3] Medien mit hohem Informationsgehalt sind an den vielen unterschiedlichen Daten, die sie übermitteln wollen, quasi heißgelaufen und wirken in dieser Fülle auf die Betrachtenden wie hermetisch geschlossene Einheiten. Sie fordern daher ein geringeres Maß an Ergänzungsarbeit. McLuhan hatte die Fotografie und das Radio als solche heißen Ausschlussmedien bestimmt. Kalte Medien hingegen zeichneten sich dadurch aus, dass sie quantitativ und qualitativ weniger Informationen übermitteln, was dazu führe, dass durch diese Auslassungen, Andeutungen und eindimensionalen Setzungen das Publikum permanent dazu aufgefordert sei, die Mitteilungen zu ergänzen und zu vervollständigen. Vertreter der kühlen – und damit dem Einschluss verpflichteten – Medien sah McLuhan in der Sprache und im Telefon.

Dass Medien die Art und Weise der Wahrnehmung prägen und nicht allein vom Inhalt der *message* her gedacht werden können – diese Erkenntnis ist längst nicht mehr neu. Weitaus interessanter scheint gegenwärtig McLuhans Überlegung, dass Medien klimatische Effekte produzieren und es also möglich sei, ganze Kulturen mithilfe der entsprechenden Medien so zu beeinflussen; dass man sie in ihrem politischen und kulturellen Klima stabilisiert, indem man in eine zu heiße Zivilisation ein kühles Medium transplantiert und umgekehrt.

Nehmen wir diese klimatischen Effekte der Medien ernst, so ergibt sich für den Streit um Denkmäler eine neue Perspektive. Als kaltes Medium fordert die erzgewordene Gestalt eines Herrschers unbedingt zur Vervollständigung auf, weil sie per se nur unterdeterminiert sein kann. Unterschiedliche Perspektiven oder mul-

1 Vgl. die Glosse aus Robert Musils *Nachlaß zu Lebzeiten* [1936], in der dieser feststellt, es gebe nichts auf der Welt, was so unsichtbar sei wie Denkmäler.

2 Michael Hierholzer, *Wenn Statuen zu Hassobjekten werden.* In: *FAZ* vom 17. Juni 2020 (www.faz.net/aktuell/rhein-main/warum-bismarck-statuen-fuer-deutschland-problematisch-sind-16818477.html); Jonas Anderson, *Völlig von den Sockeln.* In: *Zeit online* vom 17. Juni 2020 (www.zeit.de/kultur/2020-06/denkmaeler-proteste-rassismus-erinnerungskultur-geschichte-denkmalsturz?utm_referrer=https%3A%2F%2Fwww.google.com%2F).

3 Marshall McLuhan, *Die magischen Kanäle. Understanding Media* [1964]. Dresden: Verlag der Kunst 1995.

tisensorische Geschichtsvergegenwärtigung liefert ein Denkmal ja eben nicht. Vielmehr tritt uns eine solche Effigie in ihrer expliziten Gestalt als ein augenscheinlich sehr komprimiertes geschichtliches Urteil entgegen. »Jedes tiefe Erlebnis«, schreibt McLuhan, »muss ›vergessen‹, ›zensiert‹ und in einen sehr abgekühlten Zustand versetzt werden, bevor es in die Erfahrung aufgenommen oder einverleibt werden kann.«

Im Denkmal scheint sich genau dies zu ereignen. Das heiße Pathos der Geschichte muss erkalten, um überhaupt Form gewinnen zu können. Es ist ein thermisches Verfahren der Reduktion, das sich auch auf materieller Ebene vollzieht. Bronze als häufig verwendeter Werkstoff für Monumente wird bei sehr hohen Temperaturen um die 1000 Grad verarbeitet, üblicherweise als Guss. Hier überführt die Hitze den Stoff in einen anderen Aggregatzustand, sie macht das Material flüssig und damit dehn- und formbar, bedroht aber nicht seine Persistenz als Material.

Nach dem Erkalten ist die Metamorphose vollzogen und das Bronzewerk in fester Form, die weitaus begrenzter erscheint als noch die alle Möglichkeiten in sich tragende reine Metalllegierung. Mit dieser Verfügungsgewalt über die Form gehen seit jeher Ansprüche von Macht und gesellschaftlichen Werten einher, was vielleicht seinen beispielhaftesten Ausdruck im Imperium Romanum fand, wo öffentliche Bronzewerke aus erbeuteten Waffen und Rüstungen hergestellt waren, die eingeschmolzen und neu moduliert wurden. Die Praxis des Umschmelzens zeigt, dass die Verwendung der Hitze hier einem Sieg über den Feind gleichkam, weil sie es war, die die Verwandlung und damit die souveräne Setzung der eigenen Position ermöglichte.

Das erkaltete Bronzedenkmal konserviert auf diese Art und Weise also die Prozedur der Formwerdung und erhebt den Anspruch, die politisch heiße Maxime, die in ihm vollzogen ist, langfristig geltend zu machen. Durch diese Setzung hat das Denkmal aber gleichsam die komplexe Geschichte in sich reduziert und abgekühlt, mehr noch war diese Abkühlung sogar notwendig, um die Ereignisse und Einbrüche von Kontingenz überhaupt zu geschichtlichen Einheiten zu verdichten und erfahrbar zu machen. Und als diese verborgenen Wärmespeicher thronen nun die Herren auf ihren steinernen Sockeln.

Der seit der Antike formulierte Anspruch, dass Denkmäler, ob in Form individueller Bildnisse oder allegorischer Figuren, Ehrfurcht vor und Gehorsam gegenüber den politischen Machthabern einfordern, trifft daher im Grunde gar nicht zu. Als öffentlich geteiltes Erbe liegt die thermische Hitze ihrer Entstehung weiterhin im Medium verborgen und fordert jene Vervollständigung und Ergänzung ein, die ihm im Prozess der Erkaltung verloren gegangen ist. So verstanden ist das Denkmal weniger eine Ehrenbezeugung im öffentlichen Raum als vielmehr eine Behauptung, die zum Streitfall werden darf. Im Gegensatz zum streng behüteten Kulturschatz in den Museen sind Denkmäler eine fortwährende Provokation im Raum.

Hitze als Prinzip der Unterdrückten

Die Verbindung von Hitze und Potenz, hier am Verfahren des Bronzegusses illustriert, findet ihren Ausgang in den alchemischen Bedingungen des Feuers, das neben der Macht und Zerstörungskraft die Eigenschaft hat, Fremdes in sich aufzunehmen und in sich zu verwandeln. Die Betonung dieser spezifischen Eigenart sorgt für eine folgenreiche Symbolbildung, in der Feuer vornehmlich zur Metapher von Leben, Bewegung und Transformation wird, wohingegen Eis und Kälte in erster Linie als Konservierungsmedien auftreten und an Modi des Stillstands und der Indifferenz geknüpft sind.[4]

Zwei Beispiele: Richard Sennett führt in seinem Buch *Fleisch und Stein* aus, wie die Körperwärme im antiken Griechenland zum Schlüssel von Politik wurde: Die Vorstellung, dass diejenigen, die über ein hohes Maß an körperlicher Wärme verfügen, stärker und fiebriger auf andere reagieren als kalte und träge Körper, rechtfertigte den Stand eines Einzelnen in der Gesellschaft. Das griechische Physiologieverständnis legte damit, Sennett zufolge, unterschiedliche Rechte für Körper mit unterschiedlichen Wärmegraden nahe. Frauen galten als kältere Körper, weswegen sie niemals nackt auftraten und ihr Lebensbereich sich zumeist auf das Innere des Hauses beschränkte. Und auch »die Behandlung von Sklaven beruhte auf der Annahme, dass die harten Umstände der Knechtschaft die Körpertemperatur der Sklaven […] senkten, sodass diese immer begriffsstutziger wurden, der Sprache immer unfähiger, zunehmend weniger menschlich und nur noch geeignet für die harte Arbeit«.

Die Griechen verbanden somit die Wissenschaft von Körperwärme mit Regeln zur Beherrschung und Unterwerfung. Das hitzige Gemüt wird in dieser Logik zur starken Sprecherposition, zum politischen Souverän, der aufgrund seiner messbar höheren Temperatur in der Lage scheint, über die anderen zu verfügen. »Ausdrücke wie ›Glühende Worte‹ und ›eine hitzige Auseinandersetzung‹«, schreibt Sennett, »waren [für Platon] buchstäbliche Beschreibungen und keine Metaphern«, und zwar deshalb, weil die warmen männlichen Körper es waren, die sich in der Diskussion erhitzten und »wie ein loderndes Feuer den Holzscheit gierig aufzehrten«.

Einer ähnlichen Prämisse folgend nimmt der Ethnologe Claude Lévi-Strauss in den 1960er Jahren ganze Kulturen in den Blick und teilt sie in heiße und kalte Gesellschaften ein. Heiße Gesellschaften seien »durch ein gieriges Bedürfnis nach Veränderung gekennzeichnet und haben ihre Geschichte (›leur devenir historique‹) verinnerlicht, um sie zum Motor ihrer Entwicklung zu machen«.[5] Kalten Gesellschaften attestiert Lévi-Strauss demgegenüber ein fehlendes Geschichtsbewusstsein oder gar eine aktive Verhinderung von gesellschaftlichem Fortschritt, weil die gründliche Beschäftigung und institutionelle Aufarbeitung mit Geschichte ausbleibe.

Die Unterscheidung von kalt und heiß ist für Lévi-Strauss lediglich eine angemessenere Bezeichnung für die unelegante Unterscheidung zwischen den Völkern

4 Vgl. Elena Beregow, *Fermente des Sozialen. Thermische Figuren in der Sozialtheorie*. Weilerswist: Velbrück 2021.

5 Zit. n. Jan Assmann, *Das kulturelle Gedächtnis. Schrift, Erinnerung und politische Identität in frühen Hochkulturen*. München: Beck 1992.

ohne Geschichte und den anderen. Sie ist synonym zu lesen mit der zwischen primitiv und zivilisiert, schriftlos und literal, herrschaftsfrei und staatlich organisiert. Die heißen Kulturen sind in Lévi-Strauss' Metaphorik deshalb heiß, weil sie ihre Geschichte permanent in lebhafter Form vergegenwärtigen, ständig neu beleben und sich immer wieder dynamisch aneignen – sie funktionieren daher wie Dampfmaschinen, in denen Energie frei wird, die zum Wandel antreibt.

Zwei Beobachtungen sind hier von Brisanz. Erstens ist es abermals die Hitze, die für Fortschritt und Veränderung sorgt, und der Zustand der Wärme, der als wünschenswerter Endpol definiert wird. Die Kältediagnose ist also ein Mangelattest, das auf die mögliche Verbesserung der Zustände am heißen Ende der Zivilisation verweist. Die Bestimmung von Temperatur im kulturellen Kontext ist demnach kein unabhängiges universelles Prinzip, sondern formt eine hierarchische Ordnung, deren Fluchtpunkt die Beherrschung des Kälteren beziehungsweise das Streben nach dem Wärmeren ist. Zweitens wird die Energie in den heißen Gesellschaften nur deswegen frei, weil durch die staatliche Organisation der Herrschaft politische Ungleichheit entsteht und das Energiegefälle der Klassenunterschiede – nach den Gesetzen der Thermodynamik – zum Ausgleich treibt und so den Wandel befeuert.

Es sind also weniger die heißen Kulturen, die zum Staat und zur Herrschaft tendieren, sondern eher andersherum: Staatlich organisierte Gesellschaften tendieren zur Hitze. Während politische Systeme und Institutionen einen Hang zur Konservierung und Stabilisierung ausbilden, indem sie Mittel und Riten (wie die Denkmalarbeit) bereitstellen, die Geschichte einzufrieren und in den Dienst der Kontinuität zu stellen, streben die Beherrschten, Unterdrückten und Unterprivilegierten nach Wandel und Veränderung. Von ihnen geht die kulturelle Hitze aus.[6]

Ein Blick in die Kunstgeschichte zeigt, dass Feuer und Flammen seit jeher ein beliebter Topos im Kontext von Aufständen und Straßenkämpfen darstellen. In zahlreichen Bildern von Arbeiterrevolten, Bauernkriegen und Sklavenaufständen wird das Feuer zur visuellen Begleitung für das Narrativ der Befreiung und Selbstermächtigung.[7] Die Aufforderungen, »einen kühlen Kopf zu bewahren« oder »mit eiserner Faust zu regieren«, stellen hin-

6 Der Migrationswissenschaftler Aladin El-Mafaalani wiederum hat beobachtet, dass große Gemeinschaften die paradoxe Tendenz haben, gerade da intensiv zu diskutieren, wo die Probleme bereits im Verschwinden begriffen sind – d. h. die kontrovers und hitzig geführten Debatten über Rassismus können seiner Meinung nach als ein Beleg für eine bereits offenere Gesellschaft und die gelungene Integration verstanden werden. El-Mafaalani folgt damit einer Logik, die sich auch mit Lévi-Strauss' Konzept der idealtypischen Entwicklung von kalten zu heißen Gesellschaften verträgt: Hier ist es ebenfalls der heiße Pol, der – befeuert von der sozialen Ungleichheit – den zivilisatorischen Fortschritt markiert. Aladin El-Mafaalani, *Das Integrationsparadox. Warum gelungene Integration zu mehr Konflikten führt.* 2018; ders., *Wozu Rassismus? Von der Erfindung der Menschenrassen bis zum rassismuskritischen Widerstand.* 2021. Beide in Köln bei Kiepenheuer & Witsch.

7 Vgl. beispielsweise Walter Pagets Illustration *Birth of the Irish Republic* [1918], Wilhelm Thoenys *Straßenkampf von Przemyslany* [1917] oder Adolphe Duperlys *The Destruction of Roehamton Estate* [1833].

gegen beliebte Kältemetaphern der politischen Herrschaftssphäre dar und verweisen auf deren Konservierungsabsicht. Selbst die Politik der »ruhigen Hand« ist noch metaphorisch an die *slow motion* kühler Aggregatzustände gebunden.

Our house is on fire

Zeitigen die Medien nach McLuhan also klimatische Effekte, stellt sich zugleich die Frage danach, welche klimatischen Effekte die Gesellschaft selbst produziert. So deuten die Kämpfe um Anerkennung, die sich derzeit an Denkmälern entladen, ein neues geistiges Klima an. Wir scheinen in eine Phase gewechselt, in der weniger die »kalten Skeletthände rationaler Ordnungen« (Max Weber) vom »eiskalten Wasser egoistischer Berechnung« (Marx/Engels) geleitet werden, sondern eher eine erhitzte Umgebung zu aufgeladenen Debatten um Deutungshoheit und Betroffenheit führt.

In der »erkalteten Welt« der Moderne (Adorno) scheinen wieder wärmere Zeiten angebrochen zu sein: Tendenzen zu Emotionalisierung und Moralisierung, eine Kultur des Therapeutischen, der Aufrichtigkeit und Betroffenheit prägen nicht nur das Private, sondern erfassen zunehmend auch politische und kulturelle Felder.[8] Während das 20. Jahrhundert ein weithin dominantes symbolisches Repertoire der Coolness ausgeprägt hatte, mit der Kunst des Dada, dem Cool Jazz der vierziger Jahre, der Pop-Art der fünfziger Jahre bis hin zum frühen Punk, Industrial Dark und Cold Wave der siebziger Jahre, die eine Kultivierung von Beton, Plastik und Atomkraft forcierten,[9] so beginnt sich eine ästhetische Tendenz für das 21. Jahrhundert abzuzeichnen, die ganz im Zeichen der Intensität und der Affekte steht.

Neuen Tendenzen in der Malerei attestierte beispielweise Larissa Kikol »Farbigkeit, Hitze, Spontanität, Unruhe und Emotion« und verwies dabei etwa auf die leuchtenden begehbaren Farblandschaften von Katharina Grosse oder die expressiv gestischen Pinselstriche von Cecily Brown.[10] In der Popkultur ist eine ungezügelte Prachtentfaltung und eklektische Stilvermengung wie das schrille K-Pop-Vokabular aus quietschig-niedlichen Manga-Figuren und der hedonistischen Vaporwave-Ästhetik zu beobachten, und in den USA formierte sich unter dem Begriff der »New Sincerity« eine soziale und künstlerische Bewegung auf der Suche nach mehr Intensität und Ehrlichkeit, die sich das Ende der abgeklärten Ironie der Postmoderne auf die Fahnen geschrieben hat.[11]

Diese eher holzschnittartige Auflistung ist kaum wörtlich zu nehmen, verweist aber auf die Wiederbelebung von Gefühl und Betroffenheit sowie die Bedeutsamkeit der zurück ins Zentrum gestell-

8 Annette Geiger u.a., *Coolness. Zur Ästhetik einer kulturellen Strategie und Attitüde.* Bielefeld: transcript 2010.

9 Eine umfassendere Kältediagnose der Moderne gibt Elena Beregow in ihrer Masterarbeit *Das wohltemperierte Subjekt. Wärme und Kälte in kulturtheoretischer Perspektive.* Universität Hamburg 2015.

10 Larissa Kikol, *Remmidemmi! Zur Gegenwartsbefreiung der Malerei.* In: *Kunstforum International*, Nr. 268, Juni/Juli 2020.

11 Zu »Intensität« in der Gegenwart vgl. Tristan Garcia, *Das intensive Leben. Eine moderne Obsession.* Aus dem Französischen von Ulrich Kunzmann. Berlin: Suhrkamp 2016.

ten Authentizitäts-, Selbst- und Sinnsuche des Subjekts. Dieses gründet sich in der Spätmoderne, glaubt man Andreas Reckwitz, vor allem auf der Affektivität »einer emotionalen Involviertheit« und strebe in »neoromantischer Semantik« nach persönlicher Erfüllung.[12]

Sebastian Conrad hat jüngst auf den Unterschied zwischen Geschichte und Erinnerung hingewiesen und argumentiert, dass der Zeitpunkt eines Denkmalsturzes nicht mit einem Verweis auf die Geschichte erklärt werden könne, sondern vielmehr aus bestimmten Konstellationen der Gegenwart hervorgehe: »Die grausame Geschichte der Sklaverei ist lange bekannt; auch das Ausmaß, in dem die britische Gesellschaft, und insbesondere Sklavenhändler und ihre Finanziers, von der Sklaverei ökonomisch profitierten, ist keine Neuigkeit […] trotzdem dauerte es noch lange, bis Colstons Statue im Hafenbecken landete.«[13]

Bestimmte Konstellationen wie Rassismus im öffentlichen Raum, die Black-Lives-Matter-Bewegung und der Mord an George Floyd befeuerten diese aufgeladenen Latenzaffekte in der Gesellschaft, die im aktuellen Medienklima auf eine Vielzahl von Verstärkern treffen: Weder die Clickbait-Logik der traditionellen Medien noch die rasch entzündbare Social-Media-Kommunikation tragen zu Mäßigung und Abkühlung bei. Die Öffentlichkeit ist zum Ort schneller Schlussfolgerungen, strenger ideologischer Prismen und knapper 280-Zeichen-Kommentare geworden, weil das Befremden des Einzelnen in Sekundenschnelle ein globales Echo findet und zum Protest der vielen wird. Mit der digitalen Öffentlichkeit verwandeln die westlichen Gesellschaften ihren Aggregatzustand: Was bislang als formiert galt, löst sich auf, erhitzt sich und wird fluide.

Ehe man in eine universale kulturpessimistische Verfallsgeschichte einstimmt, sollte man sich allerdings fragen, ob die aktuelle Verflüssigung vielleicht auch eine Neubefragung von Denkmälern möglich macht: Ihre Funktion besteht vielleicht nicht mehr so sehr darin, eine Erinnerungsspur zu hinterlassen, sondern wird zum Aufruf, die Mitmenschen politisch zu aktivieren und zu affizieren. Die umstrittenen Figuren und Köpfe werden in den aktuellen Debatten daher auch nur selten historisch allansichtig dargestellt, vielmehr kommt es zur Reaktivierung einzelner Teilaspekte aus der Perspektive heutiger Egalitätsansprüche.

Es wird deutlich, dass die klimatischen Effekte nicht nur von Medien ausgehen, sondern immer auch abhängig sind vom politischen und kulturellen Klima der Gesellschaft, in der sie stattfinden. Ob kalte Medien alleine für Abkühlung sorgen könnten, bleibt zweifelhaft. Zumindest scheint es, als sei das Denkmal nicht mehr primär von der Erwartung stiller Ehrfurcht bestimmt, sondern zum Objekt der kritischen Empörung befreit, das als konserviertes heißes Zeugnis immer auch die Möglichkeit einer produktiven Befremdung bereithält.

12 Andreas Reckwitz, *Das hybride Subjekt. Eine Theorie der Subjektkulturen von der bürgerlichen Moderne zur Postmoderne*. Berlin: Suhrkamp 2020.

13 Sebastian Conrad, *Warum die Vergangenheitsdebatte immer noch explodiert*. In: *Merkur*, Nr. 870, November 2021.

Just send your cash

Von Hanna Engelmeier

Am Abend des 29. August 2021 fuhr die britische Schauspielerin Helen Mirren in Venedig mit einem Boot zu einer Modenschau von Dolce & Gabbana. Sehr aufrecht stehend, die Hände um eine kleine Handtasche gefaltet, sah sie aus wie eine Kaiserin: Gewandet war sie in ein Abendkleid aus einer D&G-Kollektion von 2017, dessen goldenes Korsett mit Juwelen besetzt und mit Blumen verziert war und wie ein Teil einer Rüstung wirkte. Der überaus ausladende Rock der Robe fiel in weiten Falten und war mit Motiven aus Renaissancegemälden in prächtigen Rahmungen bedruckt. Mirren, zu diesem Zeitpunkt sechsundsiebzig Jahre alt und mindestens an diesem Abend die anziehendste Frau der Erde, war expressiv geschminkt, später am Abend tanzte sie auf dem Markusplatz mit dem Schauspieler Vin Diesel im Regen und entlockte weltweit all jenen einen Seufzer, die Fotos davon zu sehen bekamen. Die Leute vor Ort fielen vermutlich in Ohnmacht.

In eher mukschen Stunden des Lebens lese ich manchmal Helen Mirrens Wikipedia-Seite oder recherchiere neueste Bilder von ihr, auf der Suche nach einer Haltung, die einzunehmen mir unmöglich ist; angefangen damit, dass ich beispielsweise nicht weiß, wo ich ein juwelenbesetztes Korsett aus Gold kaufen könnte, falls ich denn mal eines würde tragen wollen (Gelegenheiten dafür sind jene, die man dazu erklärt, ich will hier überhaupt nichts über »Anlässe« hören). Aber allein der Gedanke an eine Seinsweise wie die von Helen Mirren ist aufrichtend, die innere Projektion ihres Bilds hilfreich genug, um den Rücken gerade zu machen.

Von daher war meine Enttäuschung über ihre Rede bei der Entgegennahme des Preises der Screen Actors Guild für ihr Lebenswerk am 27. Februar dieses Jahres sehr gering. Mirren wird nicht dafür bezahlt, Weisheiten von sich zu geben, und dass sie allerhand pompöse Rührseligkeiten über ihren Berufsstand von sich gab, gehört zu einem Branchentermin wohl dazu. Am dritten Tag des Invasionskriegs Russlands gegen die Ukraine kam ich jedoch nicht umhin, besonders Mirrens Eröffnung der Rede zu bemerken, in der sie sagte, alles Entscheidende im Leben habe sie von ihrem Mentor gelernt, der ihr schlicht mitgegeben habe, sie solle immer pünktlich und kein Arsch sein *(hilarity ensued)*.

Beinahe hätte ich mich wirklich darüber geärgert. Diese »Don't be evil«-Plattitüde, die sich mit pragmatischer Schlichtheit als einlösbar anbiedert – als sei überhaupt klar, was es heißt, ein Arsch zu sein oder eben keiner; als sei das mehr oder weniger eine Regel der Höflichkeit, so wie Pünktlichkeit oder das Dankeschön, wenn einem jemand den Brotkorb reicht; als sei klar, dass es für den Anfang beispielsweise schon reicht, keinen Angriffskrieg auf ein sogenanntes Brudervolk niedergehen zu lassen.

Die Vergleichskategorie Kriegsverbrecher schien mir zumindest hilfreich zur begrifflichen Differenzierung. Ein Arsch ist doch eher bloß eine mittelmäßige Sorte Mensch (von Helen Mirren von daher schon immer von oben aus unerreichbar). Eine gemeine Person, ein Schulhofbully, ein widerlicher Vorgesetzter, ein rücksichtsloser Rempler usw. – Typen, die alltäglich genug Unglück über ihre Mitmenschen bringen, dass man eigentlich gut beschäftigt damit wäre, ihnen Einhalt zu gebieten. Aber der Arsch ist eine normale Figur.

In diesen Februartagen hatte ich angefangen, mich nach Auseinandersetzungen mit diesem oder jenem Arsch zu sehnen. Ich meine zu wissen, wie das geht. Ansonsten habe ich leere Hände.

Eines Tages während der Oberstufe walzte der Englischlehrer in das »Activity Centre English«, in dem der Leistungskurs und Proben der Theater-AG stattfanden, und stellte mit Schwung seinen Rucksack aufs Pult. Mit gespielter Entrüstung rief er: »Somebody stole my bike!« Seinen Ärger baute er zu einer längeren Szene aus, anhand derer unser Kurs herausfinden sollte, welcher Struktur diese Geschichte vom Fahrraddiebstahl folgte. Die Stunde hat sich mir unter anderem aufgrund der intensiven Fremdscham für die Inszenierung des Lehrers eingeprägt, aber auch deshalb, weil ich mir das Ziel seiner szenischen Intervention merkte.

Konflikte, so sollten wir lernen, lägen am Ursprung jeder Fiktion, in diesem Fall gehe es eben um den zwischen ihm und dem Fahrraddieb (möglicherweise ein Arsch klassischen Typs; möglicherweise aber auch jemand mit komplexeren Motiven als denen eines klassischen Arschs. Soweit ich mich erinnere, diskutierten wir diesen Punkt aber nicht). Es war also ein bloß ausgedachter Konflikt, das Fahrrad war noch in Besitz des Lehrers, wir aber wurden in die Grundlagen der Erzähltheorie eingeführt. Ich nahm das so hin. Es leuchtete mir ein.

Funktioniert nicht die Dynamik vieler – aller? – Narrative so, dass Person A und B zusammenleben, A ein X will, B aber ein Y und sich die beiden dann einigen müssen, was nicht ohne Kämpfe, Aufgabe von Widerständen und Kompromisse abgeht?

Das ist keine rhetorische Frage. Ich denke nach, ich lese nach, ich suche, und ich finde genau das: agonale Situationen als Grundlage des Erzählens, Person A und B könnten auch Gruppe A und B sein, aber irgendwann muss es offenbar eins auf die Zwölf geben, sonst ist da keine Geschichte. Meinetwegen, aber muss das *wirklich* so sein?

In einem *New-Yorker*-Porträt der Regisseurin Céline Sciamma hat Elif Batuman neulich beschrieben, wie Sciamma versucht, ein Kino zu entwickeln, das sich der Logik des Konflikts, des Brechens von Widerständen widersetzt. Was wäre, fragt Batuman mit Sciamma, wenn es gelänge, Geschichten zu erzählen, in denen es nicht immer um die Gegnerschaft zwischen Hauptfiguren geht, in denen Antagonismus die Wurzel allen Tuns ist? Was passiert, wenn wir grundsätzlich den Fokus verschieben, weg von den Waffen und vom Kampf, weg von der auch visuellen Sprache des Gefechts, des Angriffs und der Verteidigung? Der Text verweist als Antwort nicht auf den Bereich des Utopischen oder der Langeweile, sondern auf die Filme von Sciamma, überzeugt davon, dass Realität werden kann, was zunächst nur in Fiktionen spielt. Und nicht umgekehrt. Das Porträt erschien am 7. Februar.

Während Helen Mirren letzten August in einem Boot durch den Canal Grande glitt und an einer Nuancenverschiebung in der Definition von Filmgöttin arbeitete (jetzt auch *unter Umständen* mit faltiger Haut akzeptabel), waren die Bilder davon, wie sich am Flughafen Kabul Menschen an die Räder von abhebenden Flugzeugen hängten, um irgendwie das Land verlassen zu können, knapp zwei Wochen alt. Weder kamen diese Menschen in Deutschland an noch die Mehrzahl derjenigen, die sich als Ortskräfte in den verschiedenen NATO-Missionen des deutschen Heers verdient gemacht hatten, noch solche, die einfach gar nichts gemacht hatten, außer in der verzweifelten Lage ihrer Heimat zu leben.

Mehrfach begegnete mir in jenen Tagen online der Ausschnitt einer Rede, die der ehemalige US-Präsident George W. Bush im Januar 2010 im Rosengarten des Weißen Hauses gehalten hatte. Gerade hatte ein Erdbeben in Haiti zu einer Katastrophe für mehr als ein Drittel der Landesbevölkerung geführt. Er wisse, so Bush in abgeklärter Tonlage, dass viele nun Decken und Wasser schicken wollten. Nach einer kurzen, effektvollen Pause fügte er hinzu: »Just send your cash.«

Diejenigen, die diesen Ausschnitt jetzt im Kontext der Herrschaftsübernahme durch die Taliban in Afghanistan posteten, bezogen sich meist positiv auf ihn: keine nutzlosen Güter, sondern nützliche Devisen schicken, Aktion Deutschland hilft spenden, Ärzte ohne Grenzen bedenken und so weiter. Ausgerechnet der Mann, unter dessen Präsidentschaft und Führung zwanzig Jahre früher der Krieg fortgesetzt wurde, als dessen Spätfolge nun diese Bilder entstanden waren, die zur Mobilisierung der Spendenbereitschaft eingesetzt wurden, mutierte jetzt zu einem Meme, das pragmatisch-lässige Anteilnahme anzeigen sollte. Dass es noch dazu in einem Zusammenhang entstanden war, in dem sich eine Katastrophe auf natürlichem Weg und nicht durch menschliches Handeln Bahn brach, ist nurmehr ein Detail.

Ende Februar begegnete ich dem kurzen Bush-Video erneut. Was für ein Arsch, dachte ich. Allerdings nur so lange, bis ich über Helen Mirrens Dankesrede für den Erhalt des Preises für ihr Lebenswerk nachdachte. Ein wertvolles Schimpfwort wie »Arsch« würde ich nicht verschwenden, versprach ich mir, während zeitgleich Bilder der jüngsten Katastrophe eintrafen und ich nach aufgerüsteten Vokabeln suchte, die anstelle von »Arsch« passend für diejenigen wären, die daran die Schuld trugen. Ich spendete Geld. Äußerst schal kam mir vor diesem Hintergrund mein Träumen von einer deeskalativen Poetik der Verbindlichkeit vor. Aber das war nur ein Moment. Selten würde man, so dachte ich, ihren Wert besser erkennen können als jetzt.

Demnächst:

Kwame Anthony Appiah
Befreiungspsychologie: Frantz Fanon

Aleida Assmann
Der Krieg in den Knochen: Christiane Hoffmanns Familiengeschichte

Susanne Neuffer
Die Sache mit den Postkarten